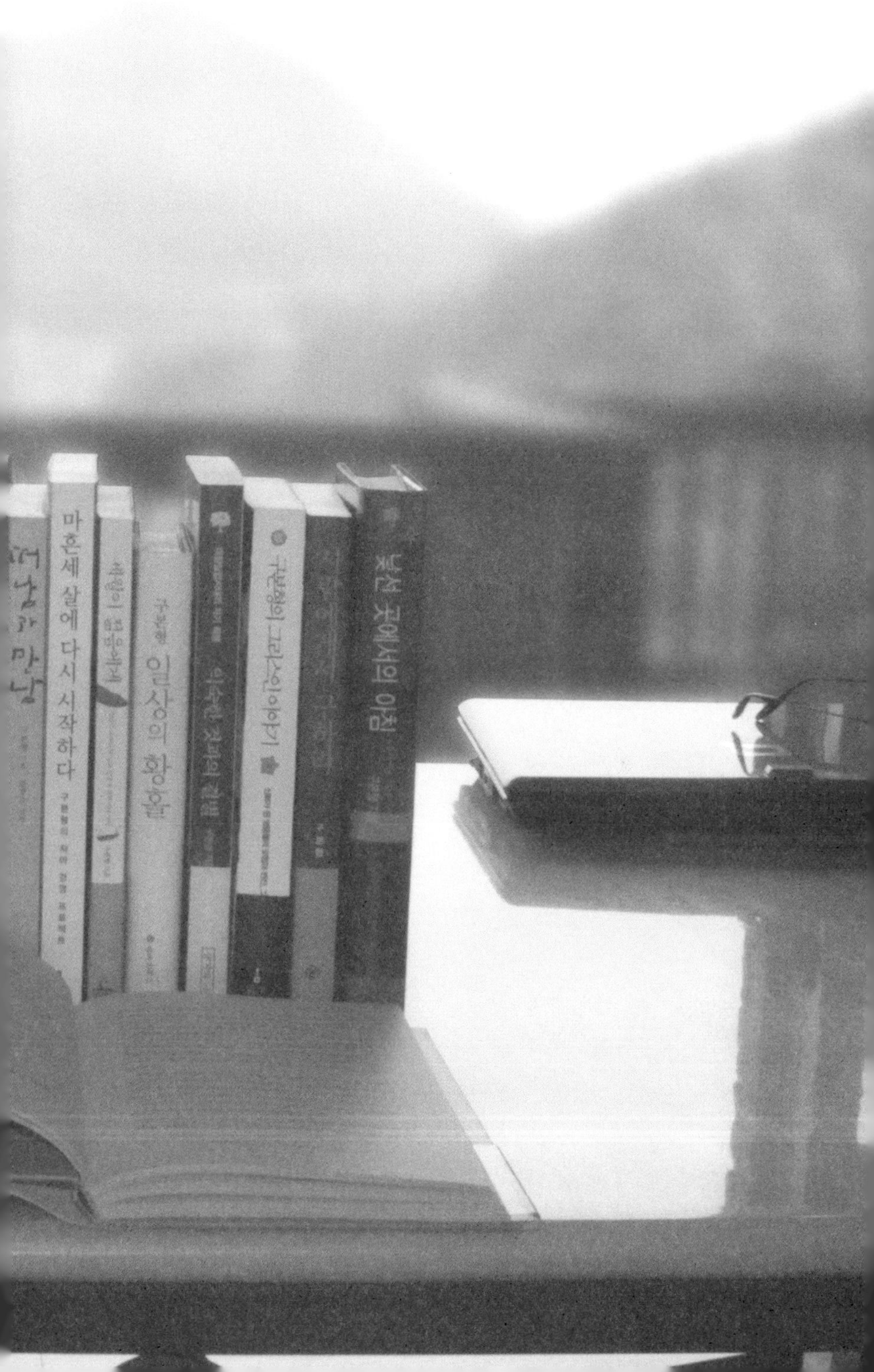
마흔세 살에 다시 시작하다
구본형 일상의 황홀
구본형의 그리스인 이야기
낯선 곳에서의 아침

나에게서 구하라

나에게서 구하라

1판 1쇄 발행 2016. 6. 20.
1판 3쇄 발행 2024. 9. 26.

지은이 구본형

발행인 박강휘
편집 강미선 | 디자인 조명이
발행처 김영사
등록 1979년 5월 17일(제406-2003-036호)
주소 경기도 파주시 문발로 197(문발동) 우편번호 10881
전화 마케팅부 031)955-3100, 편집부 031)955-3200 | 팩스 031)955-3111

값은 뒤표지에 있습니다.   ISBN 978-89-349-7482-6 03320

홈페이지 www.gimmyoung.com   블로그 blog.naver.com/gybook
인스타그램 instagram.com/gimmyoung   이메일 besthook@gimmyoung.com

좋은 독자가 좋은 책을 만듭니다.
김영사는 독자 여러분의 의견에 항상 귀 기울이고 있습니다.

변화경영 사상가 구본형 앤솔러지

나에게서
구하라

구본형 글

김영사

여는글

삶을 스스로 빛나게 만들어준
영원한 불쏘시개

구본형의 글을 처음 읽은 것은 1999년 IMF 광풍이 몰아치던 때였다.《익숙한 것과의 결별》이라는 선동적인 제목의 책 한 권이 불타는 갑판에 서있던 평범한 직장인의 심장을 뒤흔들었다. 인생의 앞문이 닫히고 길바닥에 주저앉고 싶었던 힘든 시절이었지만 나는 그의 글을 음미하며 묘한 흥분과 감격에 휩싸였다. 그는 근거 없는 이야기, 뿌리를 알 수 없는 낙관, 유치한 전개, 더덕더덕 기운 미덕과 잠언의 누더기, 치유가 아닌 잠시의 진통 효과를 과장하는 시시한 돌팔이들에게 지쳐 있던 내 마음을 밝히는 불쏘시개가 되었다.

몇 년 후 운 좋게 그가 만든 개인 대학원의 연구원으로 참여하게 되어 가까이서 꽤 오랫동안 그를 지켜볼 수 있었다. 그는 삶의 철학과 지침을 자신에게 먼저 적용하여 반드시 성공한 후에 책에 담는다는 원칙을 갖고 있었다. 그를 보며 작가는 글을 창작하는 사람이지만 그 글을 통해 변화하고 발전하는 존재라는 것을 깨닫게 되었다. 그는 매일 새벽에 일어나 글을 썼다. 새벽 시간이 쌓이며 그의 글도 진화해나갔다. 간결하게 핵심을 말하면서도 곳곳에 아포리즘과 인용, 예화를 적절하게 제시하여 독자를 감탄하게 만들고 선동하고 유혹했다. 그의 책은 은유와 통찰로 가득하였고 달빛 같은 영감을 불러 일으켰다.

마흔이 쓰나미처럼 세차게 나를 치고 갈 무렵이었다. 아무 것도 하고 싶지 않고 아무 것도 할 수 없는 무기력에 시달렸다. 그때 스승이 인사동에서 보자고 하여 눈물을 흘리며 낮술을 한잔 했다. 집에 돌아오니 그가 보낸 이메일이 와 있었다.

"좋은 작가는 그의 인생 자체가 베스트셀러여야 한다. 너의 인생이 빛나게 하라. 때때로 어두운 시절이 있을 수 있으나 그때를 어떻게 넘어섰느냐가 너의 크기를 결정하게 될 것이다."

이 말에 크게 힘을 얻었고 이후 삶의 태도가 달라졌다. 시련과 고독의 과정을 견디고 단련해야 위대함으로 나아갈 수 있다는 믿음이 생겼고 어둠보다 밝음에 집중하는 태도를 갖게 되었다. 또한 삶의 길목마다 '스승이라면 어떻게 했을까?'라는 질문을 스스로에게 던졌고, 그래서 지금까지 오게 된 것이라 믿고 있다. 지금도 이 질문은 계속된다.

나는 그가 말년에 말한 '시처럼 산다Life as a Poem'는 잠언을 좀처럼 이해하기 어려웠다. 아아, 시를 쓰지도 못하는데 시처럼 살아야 한다니! 이 책을 준비하는 중에 스승이 시에 대해 언급한 구절을 모아서 보니 시처럼 산다는 말은 '꿈을 향해 춤추는 도약'임을 알게 되었다.

'시야말로 행간마다 변화를 이루어낸 글이다. 글을 쓰면서 한 줄을 바꾸어 쓸 때마다 생각의 도약이 이루어지는 글쓰기가 바로 시인 것이다. / 현실과 꿈 사이를 일상의 좋은 감촉으로 채워 넣자. / 낮에도 꿈을 꾸는 자는 시처럼 살게 되리니 인생은 꿈으로 지어진 한 편의 시. / 어느 날, 평범하기 이를 데 없는 한 사내가 지금 하고 있는 일에서 문득 의미를 발견하여 말할 수 없는 헌신으로 열중하고, 평범한 한 여인이 문득 하던 일을 중단하고 내면의 북소리에 맞추어 춤을 추기 시작하는 느닷없는 전환은 아름답다.'

아하, 이제야 나는 그의 삶이 무수한 공명과 울림을 가진 한 편의 시였음을 가슴으로 깨닫는다. 그는 평범한 직장인에서 변화경영 전문가로 도약하고 십년 후 또 한 번 변화경영 사상가로 발돋움했다. 일상의 실험과 황홀을 즐겼고, 꿈으로 가는 계단을 만들었으며, 절정에서 우주의 별이 되었다.

이 책은 하루아침에 쓰여진 것이 아니다. 스승이 공들인 하루의 기록들이 하나씩 모여서 질적인 변환을 시도하여 나온 결과다. 그리고 그의 삶이 온전히 담겨 있다. 그의 인생 최대의 목적은 자기혁명이었으며 가장 나다운 향기로 공헌하고 세상을 아름답게 만드는 것이었다. 그의 글의 성격을 한마디로 표현하자면 '교훈'이 아니라 '감동'이라고 말하고 싶다. 그의 삶이 한 편의 시였고 잠언이었기 때문이다.

이 책은 구본형의 21권 저작에서 정수를 고른 것이다. '나에게서 구하라'는 제목은 모든 중요한 문제의 답은 우리 자신 안에 있다는 메시지를 담고 있다. 여기 실린 잠언들은 독자가 자기 안에 있는 답을 발견할 수 있도록 자극하는 촉매 역할을 한다. 그는 말한다.

"책을 읽다 좋은 글을 보면 가슴이 뛴다. 좋은 글이란 벌써 내가 알고 있는 것이다. 그것은 내 마음속에 벌써 들어와 있지만 미처 내가 인식하지 못한 것이다. 보는 순간 알아볼 수 있을 만큼 이미 낯익은 것이기 때문에 만나면 그렇게 반가운 것이다. 말할 수 없는 것을 말해내는 작가의 재주에 경탄하지만 우리를 정말 기쁘게 하는 것은 우리의 생각이 표현을 얻었기 때문이다."

《나에게서 구하라》는 스승의 마지막 유고집이다. 시간을 두고 천천히 음미하며 읽어가길 바란다. 오래 들여다보며 지혜를 한 움큼 얻기를! 삶이 환하게 빛나기를! 그리하여 '우리는 어제보다 아름다워지려는 사람을 돕는다'는 스승의 비전이 실현되기를 소망한다.

엮은이를 대표하여 **오병곤**
자기경영 아카데미 대표, 변화경영연구소 1기 연구원

차 례

일러두기

- 이 책은 구본형 저자가 1999년부터 2014년까지 남긴 대표 유고작 21권
  의 책 가운데 이 책의 의도에 맞는 좋은 글을 선별해 엮은 것입니다.
- 이 책에 수록된 21권의 글 인용은 해당 출판사의 승인을 받았습니다.
- 21권에서 발췌한 글들은 원본의 형식과 내용을 존중하되, 필요에 따라 부
  분 편집을 했습니다.
- 21권에서 엮은 글들의 맞춤법, 띄어쓰기 원칙은 국립국어원 기준에 따랐
  으며, 이 책 안에서 통일했습니다.
- 여는 글과 각 장의 개요글은 변화경영연구소 오병곤, 최우성, 박승오, 유
  재경, 홍승완, 구해언 연구원이 도움을 주었습니다.
- 이 책의 편집에는 변화경영연구소 강종희, 구해언, 김선형, 김정은, 김종
  호, 박윤영, 오병곤, 이동희, 이은심, 정수일, 조현연, 홍승완 연구원이 참여
  했습니다.

1장

밥벌이에
지지 말라

언제나 내가 아닌 다른 무엇이 되고 싶었던 것 같다. 하지만 나는 이제 내가 되고 싶다. 일상을 살아가면서 늘 더 좋은 존재가 될 수 있으며, 늘 더 좋은 방법이 있다고 믿는 것이다. 그리고 항상 지금의 자기 자신보다 나아지려고 애쓰다 보면, 나는 언젠가 나를 아주 좋아하게 될 것이다.

별이 밝은 밤이었다. 우리는 '시축제'라는 이름으로 청량산에 와서 각자 한 편의 시를 낭송하고 술을 마시며 놀았다. 그는 산신령 분장을 한 우스꽝스러운 모습으로 아이들에게 놀림을 받으며 더없이 흐뭇한 미소를 짓고 있었고, 나는 밤새 사람들과 딩가딩가 기타치고 노래하며 놀고 있었다.

모닥불이 꺼지던 무렵, 문득 그가 내 옆에 앉더니 기타를 잡고 연주하는 자세를 잡았다. 분명히 기타를 배워보고 싶은 눈치였지만 조용히 바라볼 뿐 아무런 말이 없었다. 그는 곧 일어섰고, 나는 언젠가 그에게 기타를 가르쳐주어야겠다고 생각했다. 시축제의 밤이 좋아서 그 시어들로 노래를 만들었고, 그 노래는 나를 연구원이 되는 길로 이끌었다. 가까이서 그의 삶을 보게 되었고, 이윽고 자신의 인생으로 모범을 보여준 스승을 얻게 되었다.

하고 싶은 일을 하면서 살고 싶은 대로 살아가는 삶이라니. 천복을 찾아 자신의 길을 걸어간 사람의 궤적, 시간을 견디며 축조해낸 결과물을 보는 것은 늘 경이로웠다. '스승은 어떻게 그것이 가능했을까'라는 의문이 들 때마다, 말없이 기타를 응시하던 가을밤의 눈빛을 떠올린다. 그에게도 다른 길을 선택하고 싶은 유혹과 작은 떨림이 있었을 것이다. 그러나 그는 다른 길을 생각하지 않았다. 한번 쳐다보고는 다시 자신의 길을 묵묵히 걸어갔다.

오래된 밥벌이에 지칠 때마다 매력적인 웃음 뒤에 가려진 그의 엄격함과 단호함이 그리워진다. 아름다운 책, 자신의 가치관과 철학을 세상에 구현한 연구원 제도와 꿈벗 등 많은 것을 남겼지만, 그가 남긴 것의 요체는 어찌 보면 간단했다.

나는 내가 누구인지 알았고
내가 왜 여기 있는지 알았고
거기에 삶의 의미를 부여할 수 있었고
그래서 거기에 내 인생 전부를 썼다.
– 구본형 –

최우성
변화경영연구소 6기 연구원

시처럼 살라

시처럼 살고 싶다. 나도 깊은 인생을 살고 싶다. 무겁고 진지한 삶이 아니라 바람처럼 자유롭고, 그 바람결 위의 새처럼 가벼운 기쁨으로 가득한 삶을 살고 싶다. 내면으로부터 울려 퍼지는 깊은 기쁨, 그것으로 충만한 자의 발걸음은 얼마나 가벼울지. 어느 날, 평범하기 이를 데 없는 한 사내가 지금 하고 있는 일에서 문득 의미를 발견하여 말할 수 없는 헌신으로 열중하고, 평범한 한 여인이 문득 하던 일을 중단하고 내면의 북소리에 맞추어 춤을 추기 시작하는 느닷없는 전환은 아름답다. 그것이 삶을 시처럼 사는 것이다.

위대한 사람들의 삶을 엿보면서 삶이 시라는 것을 깨닫게 되었다. 갈림길 앞에서 그들의 운명은 한 길로 나아갈 수밖에 없다. 그 길 이후 인생의 모든 것이 달라지는 것이니, 갈림길마다 새로운 차원의 세상이 열리게 된다. 지극히 평범한 사람이라도 비범한 분야 하나쯤은 푸른 하늘처럼 가슴에 품고 있다. 이것이 나의 믿음이다. 평범한 사람의 도약 과정이야말로 삶의 절정을 보여주는 가장 인상적인 대목이다. 이 부분이 시가 된다. 나는 그 시적 장면을 낚는다.

*

　밥벌이에 지지 말자. 살고 싶은 대로 사는 것을 두려워 말자. 꿈을 꾸자. 삶의 어디에서건 새로 시작할 수 있는 용기가 있음을 보이자. 현실과 꿈 사이를 일상의 좋은 감촉으로 채워 넣자. 기쁨으로 시작한 삶이 지혜로 끝나게 하자. 그리하여 시처럼 인생을 살자.

*

　이제는 알게 되었다. 믿음의 체계가 곧 현실인 것이다. 가슴 속 깊은 곳의 믿음을 바꾸는 순간 나의 인생도 바뀌었다. 인생은 믿음이 자신을 구현해가는 것이라고 생각한다. 나는 완성이 삶의 목표가 아니라고 생각한다. 삶, 그 자체가 삶의 목표다. 그러므로 멈추어 서는 순간 더는 살아있는 것이 아니다. 늘 살아있음, 이것이 삶을 시처럼 사는 것이다.

*

　내 삶을 이대로 놓아둘 수 없다. 그저 되는대로 살다 다시 이 어리석음이 행성의 공전처럼 반복되게 할 수는 없는 것이다. 좋아하여 여러 번 읽게 되는 책처럼 2,500만 년이 지난 후 다시 돌아오게 될 반복된 인생을 기다릴 수 있도록 내 인생은 아름다워져야 하는 것이다. 내 삶을 돌려놓아야 한다. 아름답고 다시 기다려지는 삶으로 되돌리지 않으면 안 된다. 세상은 만들어가는 것이다. 인생 또한 그 세상 속의 하나의 빛깔이 되는 것이다. 익어가며 달라지는 고운 빛이 되어가는 것이다.

*

인생은 길이다. 길을 걷는 것이 아니라 길 그 자체다. 마음이 모질고 팍팍하여 한 그루의 나무도 자라지 못하는 길일 수도 있다. 그러나 내가 지금 걷고 있는 천촌리의 길처럼 솔잎이 깔려 있고 동백나무 우거진 아름다운 길일 수도 있다. 나도 인생의 어느 부분인가에 솔잎이 깔리고 주위에 꽃이 가득한 그런 부드럽고 포근한 길이고 싶다. 돌밖에 없는 길, 한 그루의 나무도 없어 뜨거운 햇볕에 머리가 벗겨질 것 같은 황막한 길, 파이고 강팍한 길, 그런 길이고 싶지는 않다. 아름다운 나무 가득하고 옆으로 작은 시내 하나 흐르는 그런 길이었으면 한다.

*

나는 커다란 배낭을 메고 서둘러 서울을 떠났다. 별 계획이 없었다. 발길 닿는 대로, 지명이 나를 유혹하는 대로, 문득 머릿

속의 한 기억을 찾아서, 내 마음대로 떠돌았다. 커다란 배낭을 메고 매일 25킬로미터 이상을 걸었다. 걷는 것과 바람을 만나는 것, 그것이 다였다. 종종 바람 속에서 그곳을 스쳐간 크고 작은 사람들의 자취를 냄새 맡는 것 그리고 그 속에서 나의 한 조각을 찾아보는 것이 이 여행의 목적이라면 목적이었다. 그저 이리처럼 떠돌 수 있는지를 시험했다. 턱수염이 산적처럼 길어졌을 때 여행에서 돌아왔다. 그 후에는 대낮에 거리를 걸을 때 어딘가로부터 나를 꿸 듯 날아들며 불안하게 하던 화살들이 사라졌다. 나는 비로소 낮술을 마실 수 있는 건달의 세계에 입문하게 되었다.

*

삶에는 어떤 흥분이 있어야 한다. 일상은 그저 지루한 일이나 노력의 연속만이어서는 안 된다. 어제 했던 일을 하며 평생을 살 수 없는 것이 바로 격랑과 같이 사나운 지금이다. 부지런함은 미덕이지만 무엇을 위한 부지런함인지가 더욱 중요하다. 그저 바쁜 사람은 위험에 처한 사람이다. 기계가 대신할 수 있는 영역에 몸을 담고 있는 사람 또한 매우 위험하다. 단순 반복적인 일로 매일을 보내고 있는 사람 역시 위험하다. 그가 진정 성실한 사람이라고 해도 그렇다.

*

　인생은 흐르는 강물과 같다. 어딘가에서 굽이져 방향을 틀어 흐르게 된다. 그곳을 지나면 다시는 되돌릴 수 없는 지점을 통과한 것이다. 이 상징적 지점이 중요하다. 우리는 이 지점에서 강력한 자기암시를 해주어야 한다. "나는 다시는 과거로 돌아가지 않으리라. 나는 이 지점에서 과거와 작별한다. 과거와 이어지는 문을 닫고, 지금 막 미래로 가는 문을 열었다." 그러므로 우리는 하나의 상징적 의식을 통하여 자신과의 새로운 만남을 선언하는 '나의 날'을 가질 필요가 있다. 이 날은 자신의 속에서 가장 자기다운 강점을 발견하고 계발하여, 나머지 인생을 자기답게 살겠다는 약속의 날이다.

*

　나는 '트리맨treeman'이다. 바람이 불면 '솨아' 소리를 내며 온 잎들을 있는 대로 바람에 실어 날리는 나무다. 봄이 되면 꽃을 주렁주렁 피우는 나무다. 여름 소나기 끝에 햇빛이 다시 쨍해질 때 초록색 물방울을 달고 서있는 싱싱한 이파리로 뒤덮인 나무다. 때가 되면 꽃보다 더 진한 단풍으로 깊어지는 나무다. 아, 그리고 그 나무, 겨울 그 강풍에 아무 소리 않고 죽은 듯이 서있는 그 나목. 그것이 바로 나이다. 나는 온몸 안을 꽃으로 가득 채운 채 꽃 터지는 봄날을 기다리고 있다.

*

나이가 든다는 것은 천천히 삶의 두루마리를 펼치는 것이다. 두루마리의 앞부분, 즉 젊은 시절의 그림이 더 아름다운 것은 아니다. 그것이 싱싱하고 발랄하며 모험적인 것이라면, 나이가 들면서 짜놓은 인생의 직물은 은은하고 통찰력에 차 있으며 완숙한 것이어야 한다. 그리고 자연의 부름에 따라 모두 놓아두고 낡은 껍데기만 남기고 떠날 수 있으면 좋은 것이다. 부디 그럴 수 있기를 기도한다.

아름다운 봄날은 빨리 지나간다. 모두 그리워하고 섭섭해 한다. 그러나 가을 또한 곱게 온다. 나이 먹음은 가을을 즐기는 것이다. 그 또한 아름답지 않은가! 릴케처럼 말한다면 아마 이렇게 될 것이다. "신이여, 우리 각자에게 합당한 삶을 주소서. 그리고 우리 모두에게 그 삶에 걸맞은 '합당한 죽음'을 주소서."

*

두 번째 인생으로의 여정은 그렇게 내가 바라는 대로 시작될 것이다.

나는 좀 더 자유로워지길 바란다.

산과 나무와 바다, 그리고 바람과 햇빛으로부터 배울 것이다.

나는 좀 더 즐거워질 것이다.

마음이 가는 대로 읽고 생각하고 버리고 쓸 것이다.

나는 좀 더 기여하고 싶다.

타고난 자기보다 나아지기 위해 애를 쓰는 모든 사람과 구체적인 삶을 공유할 것이다.

*

"인생은 살기 어렵다는데 시가 이렇게 쉽게 써지는 것은 부끄러운 일이다." 남의 나라에서 살다 간 시인처럼, 인생을 담지 못하고는 시가 될 수 없다. 시처럼 인생을 산다는 것은 좋은 일이다. 행간의 비약과 절제, 한꺼번에 건져지는 깨달음을 일상의 삶 속으로 끌고 들어온다는 것은 스스로 자신을 만들어가는 작업이다. 아직 살아있다는 것이 이처럼 좋을 수가 없다.

아직 미완의 미래를 가지고 있다. 나의 미래는 뻔한 것이 결코 아니다. 내가 있고 싶은 곳으로 가서 낯선 아침을 맞이하고 싶다. 흥분과 긴장이 있는 곳, 불안과 더불어 떠나왔다는 해방감과 자유가 있는 곳, 그곳에서 나는 나와 마주하고 싶다. 오랫동안 그리워한 일이다. 노회하고 원숙하지만 곳곳에서 아직 소년의 모습을 잃지 않았기를 바란다.

＊

　당신이 마음으로 원하는 것을 하며, 그 일을 잘할 수 있다면 삶의 밝은 쪽으로 걸어 나오게 된다. 스스로를 좀 더 좋아하게 되고 일상이 또한 즐거워진다. 날이 지날수록 좀 더 나아진다면, 언젠가 평범한 사람과는 다른 시각을 가질 것이고, 이를 통해 세상을 다르게 해석할 수 있게 된다. 이것은 성장이다. 그리고 성장을 통해 세상에 기여한다. 성공은 기여에 대한 보답이다. 성공에 대한 대가는 반드시 돈이나 명예가 아닐 수도 있다. 자기존중과 마음의 평화, 이웃의 믿음과 존경 그리고 삶에 대한 이해 같은 것으로 다가온다.

＊

　내가 만일 다시 젊음으로 되돌아간다면,
　겨우 시키는 일을 하며 늙지는 않을 것이니
　아침에 일어나 하고 싶은 일을 하는 사람이 되어
　천둥처럼 내 자신에게 놀라워하리라.

우리의 일상을 지켜주는 것들

새벽의 노량진 시장, 아이들이 좋아하는 기어 다니는 꽃게
해질녘 여름 시장 좌판 위의 우뭇가사리 넣은 콩국
인사동 툇마루의 막걸리와 골뱅이, 아내와 함께한 대작
여행, 산속에서 지낸 밤, 쏟아지는 별
바다내음과 소리, 물 위로 튀는 물고기 한 마리
내가 좋아하는 것들이다. 말하자면 내 일상을 지켜준 것들이다. 일상의 어딘가에 숨어있다가 나타나 그 팍팍한 생활에 물을 뿌린다. 이 작은 것들이 중요한 것이다. 돈이 많이 없어도 할 수 있고, 거물이 아니어도 즐길 수 있다. 잠시 마음을 열면 찾을 수 있는 것들이다. 마음의 여유만이 일상의 여유를 낳는다.

그러나 이들은 일상의 건너편에 있다가 우리가 힘들어할 때, 제가 알아서 강을 건너와 우리를 잠시 쉬게 하는 것은 아니다. 이것들 자체가 바로 일상의 일부인 것이다. 일상 속에서의 짧은 쉼 같은 것이다. 우리는 일상의 지리함 속에 이것들을 잘 짜 넣음으로써 그 수수함에 약간의 화려함과 멋을 더할 수 있다.

이렇게 볼 때, 이것들은 삶에 대한 나의 태도를 말하는 것이다. 나를 다른 곳으로 데려가기 때문에 달라짐을 느낄 수 있는 것이 아니라 나를 조금 바꿈으로써 비로소 나를 데리고 떠날 수

있다. 어디로 가도 따라오는 것은 나 자신이다. 같은 나를 데리고 다른 곳으로 가도 그곳은 같아진다. 떨쳐버릴 수 없는 것이 바로 나이기 때문이다.

*

행복은 단순한 것이다. 그리고 일상 속에 있다. 일상에서 떠나본 사람만이 그것의 가치를 안다. 병원에 누워있는 사람에게는 창밖에 보이는 모든 일상 속으로 되돌아가는 것이 유일한 소망이다. 장바구니를 들고 가는 아낙, 목판 위에 놓인 노란색 감귤을 하나 사서 까먹을 수 있다는 것, 병원 건물의 한쪽 벽을 비추는 햇빛 혹은 달빛, 마포 고바우집에서 피어오르는 연기 때문에 눈물을 흘리며 나눈 술 한잔, 친구와의 대화, 아직 어린아이의 철없는 웃음, 국밥 한 그릇, 늦은 밤까지 앉아 있을 수 있다는 것… 이런 것들 속에 행복은 있다.

*

사소한 일이 주는 즐거움을 얻을 수 있으면 언제나 행복할 수 있다. 인생의 대부분은 아주 사소한 것들로 이루어져 있으니까. 자신을 용서하고 동정할 수 있는 사람은 행복하다. 그들은 증오로부터 자기 자신을 자유롭게 만들기 때문이다.

바람이 조금 있는 아름다운 날에는 밝은 햇빛 속을 반바지 차림에 챙 넓은 모자를 쓰고 산책하고, 우울한 날에는 집 안에서 그 기분에 어울리는 좋은 책 한 권을 볼 수 있다면 인생은 이미 행복하다.

*

어제 만난 어떤 부부는 북한산 밑에 자리가 세 개밖에 없는 코딱지만한 카페를 열어놓고 거기서 먹고 자고 벌고 삽니다. 벽에는 장식품이 아닌 그들의 유일한 재산인 배낭과 물통과 모자들이 걸려 있습니다. 작은 덩굴식물 하나가 좁은 창가를 타고 올라 유리창 가득 편안한 녹색 안도감을 줍니다.

이 부부는 간혹 히말라야 속에 들어가 몇 주씩 있다 옵니다. 배낭에 싸가지고 간 마른 음식들과 현지에서 그 나라 사람들의 음식을 먹으며 씻을 것도 없고 갈아입을 것도 없이 그저 있는 그대로 지내다 다시 서울로 돌아와 또 아무 재산도 없이 그렇게 삽니다. 아마 거기서 그렇게 살아보았기 때문에 여기서도 가난을 가난으로 느끼지 못하며 그렇게 살아갈 수 있는 것 같습니다. 식기세척기도 평면 TV도 없습니다. 아이도 없고 조그만 강아지 하나 데리고 웃고 떠들며 바람처럼 삽니다. 빵 사러 갈 때도 산길로 굽이굽이 돌아갑니다. 도시 속에 살면서 산 속에 삽니다.

정말 세상을 사는 수천 가지의 신기한 방식들이 있나 봅니다.

＊

　많이 웃는 것은 누구나 할 수 있다. 그러니 많이 웃어라. 마음을 조금만 열어놓으면 작은 구멍으로 황소바람이 몰아쳐 들어오듯이 그렇게 웃음이 찾아온다. 웃음이 그대를 찾아오면 세상은 달라진다.

　웃음은 전염성이 강하다. 일상의 기분을 고양시키고 활력을 불어넣는다. 그리고 창조성을 높여준다. 기억하자. 행복은 행복한 사람만 전달할 수 있는 것이다. 행복한 사람이 없는 행복한 사회란 없다. 당연히 행복한 직원이 없는 행복한 고객도 없다.

＊

　유머란 나와 나에게 닥친 사건을 분리시켜 인지함으로써 웃어줄 수 있는 힘을 얻는 것이다. 자신을 웃음거리로 만들 줄 아는 사람들이야말로 유머를 즐기는 사람이다. 삶에 대해 웃어주자. 웃음으로 나를 탐구하자.

＊

　놀이는 긴장과 쾌락과 재미를 준다. 일하면서 웃는 사람들은 놀고 있는 것이다. 일 속에 몰입하고 열광하는 것이다. 그러므로 일하며 많이 웃는 사람들은 훌륭한 일꾼들이다. 일이 생계의 수단이거나 마지못해 일해야 하는 사람들이 결코 이루어내지 못하는 성취를 그들은 이루어낸다. 웃음지수는 그 사람이 얼마나 훌륭한 일꾼인가를 말해주는 것이다.

*

숨겨놓고 혼자 즐긴다는 말의 의미를 아는가? 벽장에 숨겨놓은 꿀단지여도 좋고 바쁜 날 잠시 겨를을 내어 찾아가는 찻집이어도 좋다. 혹은 서가에 꽂혀있는 소년 시절의 감명 깊었던 책한 권이어도 좋다. 마담이 괜찮은 술집이어도 좋다. 아주 어릴적 왠지 모르게 울고 싶을 때, 저녁이 되어 어머니가 찾아 나설 때까지 숨어있던 자기만이 아는 작은 비밀 장소처럼 그런 치유의 은밀한 장소와 시간 없이 어떻게 이 세상을 살겠는가?

*

순간순간, 하루하루를 기록할 수 있으면 좋다. 일기여도 좋고 밑줄 친 책의 한 구절이어도 좋다. 단상이어도 좋고 편지여도 좋다. 순간을 기록하면 하나의 개인적 역사가 된다. 기록을 통해 우리는 항상 깨어 있게 된다. 기록은 순간을 복원하여 우리에게 되돌려준다. 그리고 그것이 우리의 삶이다.

*

  빠르게 걸으면 나이를 알게 되고 천천히 걸으면 주위를 감상할 수 있다. 그러나 속도를 일단 자동차 같은 기계에게 위임해 주면 나이도 경관도 살필 수 없게 된다. 걷는 것보다 훨씬 빨리 갈 수는 있지만 그렇게 본 것들은 그저 스쳐 가는 경관들이다. 폐가 열리는 것도 심장이 터질 것 같은 쿵쾅거림도 느낄 수 없다. 또한 천천히 지나며 동백나무의 살갗을 만져볼 수도 없고, 불현듯 코끝에 와 닿는 달콤한 꽃향기를 맡을 수도 없다. 풍광도 생각도 그저 스크린처럼 지나갈 뿐이다.

  차를 타고 갈 때 엉덩이가 약간 배긴다는 것은 지루하고 심심하다는 표시다. 이미 가지고 간 카세트테이프의 노래도 시들하고, 떠들썩하게 나누던 대화도 끝이 나면 엉덩이가 배기기 시작한다. 차 안에서 심심함을 이길 수 있는 방법은 자거나 먹는 것이다. 자거나 먹는 것의 공통점이 하나 있다. 살을 찌운다는 것이다. 그래서 우리는 나이가 먹을수록 아무 데나 살이 붙고 더 많은 트림을 올리고 더 많은 방귀를 뀌게 된다.

*

  일주일에 이틀은 시계를 차지 말라. 나는 매일 시계 없이 다녀도 불편하지 않다. 하루는 중요한 일에 넉넉하게 쓰이도록 짜여 있기 때문이다. 강연을 하고 방송을 할 때는 시계가 필요하지만, 아이들과 놀고 친구들과 술 마시고 아내와 저녁 시간을 보내는 데는 시계가 필요 없다. 아내, 아이들, 친구보다 중요한 관계가 어디 있는가? 중요한 일을 하는 데는 시계가 필요 없다. 일도 마찬가지다. 중요한 일은 충분히 몰입해야 한다. 몰입은 시간을 잊는 것이다. 시계가 왜 필요하겠는가?

*

사 가지고 온 모종들을 밭에 심었습니다. 어떻게 심어야 할지 잠시 망설였습니다. 너무 촘촘히 심은 것은 아닌지 너무 깊거나 얕게 심은 것은 아닌지 걱정되었습니다. 이랑과 골을 어떻게 만들어야 하는지도 알 수 없습니다. 알 수 없으니 생각할 수밖에 없었습니다. 문득 나는 내가 밭일에 관한 책을 보기 싫어한다는 것을 깨달았습니다.

밭일은 머리를 비우기 위한 것입니다. 머릿속에 가득 찬 편견과 왜곡, 눅진한 걱정의 덩어리 같은 정신적 노폐물들이 녹아 흐르는 땀으로 배출됩니다. 그리고 참으로 순수한 자신의 사고를 해볼 수 있는 기회를 갖습니다. 모종이 다 컸을 때를 생각하고 간격을 잡아 두었습니다. 햇빛이 드는 방향을 보고 키 큰 놈과 키 작은 놈들의 위치를 잡아 두었고, 배수가 잘되는 마사토 토양이라 물이 쉽게 흐르지 않도록 골을 지어 두었습니다. 어머니가 보시고 소질이 있다 하였습니다. 날마다 심어 놓은 것들을 둘러볼 수 있는 정성만 있다면 올해 여름은 밭에서 갓 딴 채소로 실컷 쌈밥을 즐길 수 있을 것 같습니다. '사무사思無邪'라는 말이 생각납니다. 땅과 생명을 대하게 될 때, 그것이 수양의 방식임을 알았습니다.

*

손톱이 많이 자랐습니다. 손톱 밑에 흙물이 들었습니다. 어제 하루 종일 잡초를 뽑았더니 이렇게 되었습니다. 깨끗하게 깎아주어야겠습니다. 흙 앞에 마주 앉아 있으면 시간 가는 줄을 모릅니다. 아무 생각도 들지 않습니다. 흙은 우리를 단순하게 합니다. 가끔 이렇게 엉덩이를 붙이고 흙과 마주 앉아 있을 수 있으니 좋습니다. 내가 살고 있는 생활의 군더더기들이 아무것도 아닌 것들이며 언제고 버릴 수 있는 것들이며 그것 때문에 노심초사해야 할 것들이 아님을 알게 합니다. 그래서 조금 더 대담해지기도 합니다. 내가 원하는 일을 하며 원하는 대로 사는 것이 어려운 일이 아니며, 언제고 그렇게 살 수 있다는 기쁨을 줍니다. 복잡한 인과에 얽히지 않고 단순해지면 그 복잡함의 끈들이 이러지도 저러지도 못하게 우리를 옭매고 있는 끊어도 괜찮은 미망의 그물임을 깨닫게 해줍니다.

한꺼번에 많은 것들을 이리 재고 저리 재지만 겨우 차선책에 머물러 늘 작아지곤 했습니다. 흙과 마주 대하고 서면 이런 복잡한 계산에서 벗어날 수 있습니다. 왜 그러지는 정확히 알 수 없습니다. 나는 그저 생명에 대해 생각하게 되고, 살고 싶어지고, 살아 꽃피고 싶다고 열망하게 됩니다. 흙을 마주 보면 내가 하나의 씨앗이 되고 생명이 되기 때문인 모양입니다.

*

  산은 운동도 피크닉의 대상도 아니다. 산은 산 그대로다. 거대하고 육중한 생명 그 자체, 바로 자연인 것이다. 산에 가는 것은 자연 속으로 들어가는 것이다. 그리하여 자연이 되는 것이다. 오솔길을 돌아 그 푸른 숲 속으로 들며 푸르름의 일부가 되어 묻히는 것이 산에 드는 법이다. 돌아오는 길에 몸과 마음에 그 푸른 산 내음을 조금 담아 가지고 속세로 나오는 것이 바로 산행이다. 다친 늑대가 호젓한 곳에서 상처를 치료하듯, 우리도 바스러진 마음을 들고 들어가 잠시 호젓한 곳에서 그 푸르름으로 적셔 나오는 곳이 바로 산인 것이다.

우리는 지금 여기 살아있다

　삶은 구체적인 것이다. 어느 누구도 대신 살아줄 수 없으며, 되풀이되는 것도 아니다. 그러므로 지금, 이 순간에 당신에게 주어진 것이 바로 당신의 인생이다. 지금 이 순간이 바로 도전이며, 당신이 풀어야 할 문제다. 꿈은 바로 아직 살아있는 당신이 남은 미래를 위해 짜놓은 황홀한 각본이며, 진지한 깨달음으로부터 시작한다.

*

　언제나 내가 아닌 다른 무엇이 되고 싶었던 것 같다. 하지만 나는 이제 내가 되고 싶다. 일상을 살아가면서 늘 더 좋은 존재가 될 수 있으며, 늘 더 좋은 방법이 있다고 믿는 것이다. 그리고 항상 지금의 자기 자신보다 나아지려고 애쓰다 보면, 나는 언젠가 나를 아주 좋아하게 될 것이다.

*

　자신의 인생을 이야기할 수 있어야 한다. 자신의 삶을 소설이라 생각하라.

삶을 소설처럼 사는 것은 흥미롭다. 주변에서 생기는 크고 작은 일들을 소설가가 이야기를 꾸며가듯 그렇게 재구성해보라. 다만 고통과 불행을 극화시키지 말고, 행복과 기쁨을 증폭시켜 자신의 인생 이야기가 봄처럼 웃게 만들어라.

이루고 싶은 일을 그려 이미 이루어진 일로 만들고, 하고 싶은 일을 미리 성취하여 그것이 하나하나 이루어지는 현장 속으로 걸어 들어가보자. 인생 전체를 주도하고, 터지는 환호 속에 스스로를 세워라. 인생의 빛나는 순간들이 시처럼 응집된 아름다운 한 편의 소설이 되게 하라.

*

삶은 '그저 생존하는 것' 이상의 것이다. 생존이 우선적 문제가 될 때 우리는 비참해진다.

*

나는 묻는다. 삶이라는 미로, 운명이라는 미지 속에서 내가 어떤 경우에도 놓쳐서는 안 되는 아리아드네의 실은 무엇일까? 나에게만 보이는 그것, 다른 사람에게 설명해야 하지만 어쩌면 설명할 수 없을지도 모르는 그것에 대하여 생각한다. 어쩌면 그것은 생각이 아닐지도 모른다. 그것은 느낌이거나 영감이거나 알 수 없는 사이에 내 속에 들어와 앉아있는 선험적인 무엇인지도 모른다. 문득 나는 그것을 믿고 운명 속으로 걸어 들어간다. 이 실이 나를 어디로 데리고 갈까? 갑자기 이 알 수 없는 미래에 내 가슴이 뛴다. 미래를 알지 못한다는 두려움이 이렇게 멋진 흥분일 줄 예전에는 미처 몰랐다. 그러니 살아봐야겠다. 다시 살아봐야겠다. 매일 아침 해가 떠오를 때마다 한 번 다시 살아봐야겠다.

*

그러니 인생이 그저 그러려니 생각지 마라. 마음속에 이루지 못한 꿈을 품어라. 자신의 이야기를 품어라. 그리고 매일 조금씩 그 길을 가라.

*

오늘 내가 싸워야 하는 것은 어제의 생각과 어제의 행위입니다. 어제의 내가 오늘을 점령하게 해서는 안 됩니다. 어제는 어제로써 등을 보이고 유유히 흘러가게 해야 합니다. 흘려버리는 좋은 방법은 넘치게 하는 것입니다. 마음은 넘쳐흘러야 비로소 아름답습니다.

저수지는 채우기 위해 막고 가둡니다. 그것이 저수지가 자신을 채우는 방식입니다. 그러나 흘러들어온 물줄기에 욕심을 내고 가두어 막아 흘러나가지 못하게 하면 고여있는 물이 되고 맙니다. 고인 물에서 우리가 기대할 수 있는 것은 썩음과 독입니다. 이것은 하루의 중독과 붕괴를 의미합니다. 그러므로 한 방울을 받으면 한 방울을 흘려보내야 합니다.

좋은 샘은 늘 넘쳐흐릅니다. 스스로 솟구치며 어제 채운 것을 비워내기 때문에 언제고 생명을 가진 것들이 마실 수 있습니다. 이것이 싱싱한 하루를 만드는 비법입니다. 세상과 밖으로부터 들어오는 물줄기에 의존하여 내 수문을 잠가 채우면 저수지가 되고 맙니다. 내면적 솟구침이 넘쳐흐르도록 놓아두면 비로소 샘물이 됩니다. 하루는 샘물이 자신을 채우고 넘쳐흐르게 하는 시간입니다. 우리 역시 샘물입니다. 넘쳐흐르는 하루를 가진 샘물입니다.

*

삶은 일상 속에서 이루어진다. 그리고 일상은 바로 하루하루 속에 있다. 낮과 밤으로 이루어진 하루는 삶과 죽음이라는 상징성을 통해, 인생 전체 속에서 '현재'를 구성하는 기본단위라고 할 수 있다. 살면서 얻은 깨달음과 공감이 일상적 삶 속에서 구현되지 못하는 것은 하루를 바꾸지 못했기 때문이다. 하루를 개편하지 않고는 일상적 삶을 바꿀 수 없다. 물리적 현실을 개편하지 못하는 정신은 허망한 꿈일 뿐이다. 그러므로 자기혁명은 하루 속에서 자신이 지배하는 시간을 넓혀가는 것이다. 하루의 십 퍼센트를 지배하는 것으로부터 시작하자. 하루 속에서 잃어버린 두 시간을 찾아내어 자신에게 돌려주자. 나는 그렇게 할 수 있는 현실적이고 실용적인 대안을 찾아보려고 노력하였다.

*

어떤 경우든 식물은 한 번은 전성기에 이르는 것 같다. 일찍 시작한 놈은 봄, 여름에 빛을 내고, 조금 늦게 시작한 놈은 여름을 지나 가을까지 남아 멋을 부린다. 다 제때가 있다.

나도 늦게 인생을 시작한 사람이다. 나는 어디서나 만나는 그저 평범한 남자였다. 특별한 인생을 살고 싶었지만 그것이 무엇인지는 오랫동안 수수께끼였다. 그러다 우연히 글 쓰고 강연하는 사람이 되었다. 무엇인지 정체를 잘 모르는 식물이 자라나다 꽃을 피우고 열매를 맺기 시작하자 비로소 자신의 정체를 알게 되는 것처럼 나도 잎만 가지고는 내가 어떤 나무인지 판별하기 어려웠다. 이때부터 나는 스스로를 평범한 사람이라고 부르지 않았다. 나는 평범하지 않은 사람이다. 나는 내가 이 세상에서 단 하나뿐인 남자라는 것을 알게 되었다. 누구도 내가 아니다. 유일함이라니, 얼마나 황홀한 이야기인가!

*

   인생을 멋있게 산다는 것은 어울림이다. 아름다운 것들과의 어울림이다. 그것은 확고한 움직임이다. 오랜 수련과 단련 속에서 볼 수 있는 새로운 시각과 창조인 것이다. 물고기처럼 생각하는 낚시꾼, 이것은 낚시꾼이 비로소 낚시꾼으로서 확고한 자신의 시각을 갖는 것을 의미한다. 진정 가슴 떨리는 삶이다.

   삶은 시간이다. 멋진 삶은 매일 그 일을 오랫동안 한다는 것이며, 순간순간 사물의 이치가 터지는 기쁨을 느끼는 것이다. 그리고 그는 완성을 향해 변해간다. '선비는 사흘만 헤어져 있어도 괄목상대해야 한다'는 말과 일맥상통한다. 죽은 사람만이 과거로 남아 있다. '살아있다는 것'은 햇빛과 같이 참으로 눈부신 말이다. 마음이 열리면 세상이 달라지며 그러므로 구원은 오직 우리의 마음에서 온다.

*

   행복이란 추상적 개념이 아니다. 이것은 행복한 시간의 합이다. 만일 우리가 일상 속에서 행복을 찾을 수 없다면 우리는 대체로 불행한 사람들이라고 믿어도 된다. 일상 속에서의 특별한 행복은 창의력과 상상력과 좋은 의도를 필요로 한다.

*

　행복을 원하지 않는 사람은 아무도 없건만 행복한 사람이 드
문 것은 행복해지는 법을 알지 못하기 때문이다.

　맑은 날 들판을 산책하듯 사는 사람은 행복하다. 어려운 일을
당하여 그 일의 밝은 면을 볼 수 있는 사람은 행복하다. 과거 속
에서 아름다운 순간을 늘 떠올릴 수 있는 사람은 행복하다. 과
일과 채소, 그리고 여러 곡물이 섞인 밥을 먹고 하루에 30분씩
운동하고 한 시간씩 햇빛을 쪼일 수 있다면 행복하다. 무엇인
가를 할 때 다른 것을 계획하지 않고, 어떤 것을 계획할 때 다른
행위를 하지 않으면 순간에 몰입할 수 있다. 그리고 몰입된 순
간순간을 살 수 있으면 행복하다.

　다른 사람에 비추어 자신을 알려고 하지 않으면 행복하다. 다
른 사람이란 결국 왜곡된 거울에 불과하다. 늘 자신에게 비추
어 자신을 발견하려 하는 사람은 행복하다. 일 년에 한 번쯤 흔
들의자에 앉아 마치 다 산 것처럼 인생을 돌아보며 다음과 같이
질문할 수 있는 사람은 행복해질 수 있다. "나는 어떤 일을 이루
고 싶었는가? 그리고 어떤 사람이 되고 싶었는가?" 이 질문의
답이 찾아지면 인생은 목표를 가지게 될 것이고, 결국 그 길을
갈 것이니 행복해질 수밖에 없다.

*

　지금, 여기에 모두 다 걸어라. 실천이 목표를 얻기 위한 수단이라 생각하지 마라. 실천은 지금을 즐기는 것이다. 즐기지 못하면 목표만 남고 삶은 사라진다. 지금 내가 갖고 있는 이 순간을 온전히 소유하기 위한 자발적 속박이 바로 건강한 실천인 것이다. 그때 우리는 조르바처럼 말할 수 있다.

　"나는 내일 죽을 것처럼 산다."

　그리고 내 삶은 흥겹다.

*

　살아가면서 우리는 조금씩 무엇인가가 되어간다. 깊어질 수 있다면 무엇이 되어도 좋다.

　그러나 몰입하지 못한다면 바보라 불려야 한다. 그것은 마치 다녀온 곳이 어딘지도 모르는 여행자와 같다. 보지도, 듣지도, 느끼지도 못하고 되돌아온다면, 살지 않은 삶과 같다. 여행은 어딘가를 찾아 헤매는 것이다. 도착한 그곳의 속으로 깊이 들어가보는 것이다. 새로운 것 속에 또 그 일을 하며 살고 있는 사람이 있다는 것을 발견하는 것이다. 고기를 보고 싶으면 물속으로 들어가라. 말을 타고 싶으면 말들이 있는 곳으로 가라. 깊고 자세함 속에 디테일이 있다. 디테일 속에 비로소 고유한 삶이 담길 수 있다. 디테일이 결여되어 있을 때, 우리는 그저 비슷비슷한 삶을 살았을 뿐이다. 그것은 자신의 삶이 아니다. 깊이, 자신의 뱃속으로 침잠하여 들어가야 한다.

*

아침에 일어나서 눈을 뜨자마자 기원할 수 있는 기도문을 하나 만들어보라고 권하고 싶다. 하나님에게 하는 기도여도 좋고, 부처님에게 드리는 예불이어도 좋다. 자기에게 하는 다짐이어도 좋다. 중요한 것은, 우리가 매일매일을 다시 오지 않는 마지막 날처럼 사는 것이다. 오늘은 우리에게 주어진 새로운 날이다. 영원히 되돌아오지 않을 것이다.

다른 사람을 따라서 멋있는 말로 범벅을 치지 말고, 영혼의 아주 깊은 곳에서 나온 자신의 음성으로 가장 간절한 것을 바라야 한다.

*

내 기록의 일관성을 지키는 유일한 법칙은 하루를 기록하면서 그 하루 속의 생각과 행동 속에, '사람이 살고 있었는지' 물어보는 것입니다. 사람이 살고 있었던 날, 그 하루는 황홀한 일상이었습니다. 황홀한 하루, 그것들이 모여 내 삶을 별처럼 빛

내 주었으면 좋겠습니다. 삶을 잘 사는 것처럼 멋있는 예술이
또 어디 있을까요.

*

자연이 우리를 설득하는 방식은 늘 같다. 먼저 우리를 감탄하
게 하여 혼을 빼놓는다. 상상 너머의 매력으로 우리를 사로잡은
다음 아주 '자연'스럽게 마음을 굴복시키고 무릎 꿇게 한 후 신
의 음성을 불어넣는다. 이 아름다움이 보이느냐? 너의 초라함이
보이느냐? 네 마음속에 서식하는 그 벌레의 꿈틀거림이 느껴
지느냐? 어째서 그런 짓을 하였느냐? 이 어리석은 것아. 우매한
미망의 어둠에서 나와 가고 싶은 길을 가거라. 숟가락으로 먹은
모든 것은 결국 똥이 아니더냐. 마흔이 넘게 살아온 긴 세월이
참으로 잠깐이고 꿈이 아니더냐. 다행히 아직 꿈이 끝난 것이
아니니 살고 싶은 대로 살아라. 죽음이 널 데려갈 때 좋은 꿈이
었다고 웃을 수 있도록 하여라.

*

우리의 욕망이 공익에 기여하는 방법으로 구현된다는 것은
다른 사람의 불행 위에서 나의 행복이 구축될 수 없다는 것을
의미한다. 행복은 한 사람이 가짐으로써 다른 사람은 포기할 수

밖에 없는 유한한 물질이 아니다. 그것은 무한한 자원이다. 그것을 가지고 있을 때 사람들은 내가 왜 행복한지, 내가 그 행복을 가질 가치가 있는지 묻지 않는다. 불행하다고 느낄 때 이 불행이 어디서 와서 하필 왜 내게 달라붙어 있는지에 대해 분개하고, 통곡한다.

*

서시

나는 이렇게 될 것이다

깊은 인생을 향한 모험은 오직 믿음으로 시작할 수 있다
나는 얕은 인생을 버리고 깊은 인생을 살고 싶다
그리해 그것이 무엇인지 꿈꾸어 보았다
믿음을 가진 사람은 반드시 다음과 같으리라

집착하지 마라
가지려 하지 않으면 매이지 않으니
그때 자유다
산들바람이 되는 것이니 그 따뜻한 봄날
날리는 벚꽃잎처럼 웃어라

가장 먼저 자신의 모자람을 웃음의 대상으로 삼아라
그러면 언제 어디서나 웃을 수 있다
모두 내어줘라

가진 것을 다 쓰고 늙고 빈 가죽포대만 남겨라
재주가 끝에 닿아 더 나아갈 수 없을 때 절망하라
그러나 신에게 절망해서는 안 된다
신은 무한이시니,
낭떠러지에 다다르면 날개를 주실 것이다
까보 다 로까의 절벽을 기억하라
바다로 뛰어내리는 자가 신대륙을 향하게 되지 않았는가
받은 것이 초라한 것이라도 평생 갈고 닦아라
영웅의 허리에 채워진 빛나는 보검이 되리라

술과 구라를 즐기되 항상 혀를 조심하라
어느 장소에서나 어느 주제에 대해서나 할 말을 다하는 자는
불행한 자이니 말하고 싶을 때마다 세 번을 더 깊이 들어라
특히 나이가 들어서는 혀를 잘 묶어두어야 한다
고약한 늙은이 옆에는 사람이 없으니 외로움이 끝없으리라
배워서 알고 있는 것을 다 쓰지 못하고 가는 것은 서운한 일
이나
친구는 들어주는 사람 곁에 모이는 것이니

하나를 말하고 둘을 들어라

더 많이 노래하라
찬미하는 자는 영혼이 깃털 같으니
새가 하늘을 나는 이유는 노래하기 때문이다
신은 노래 부르는 자를 더 가까이 두고 싶어 하신다
더 많이 춤을 추어라
두 손을 높이 쳐들고 엉덩이를 흔들고 허리를 돌려라
육체의 기쁨을 축하하라
땅의 기쁨을 위해 몸을 주셨으니
쓰지 못할 때까지 춤으로 찬양하라
온몸으로 슬픈 단명을 사랑하라
나를 지배하는 세 가지 열정이 있으니
세상을 따뜻한 미풍으로 떠도는 것과
샘솟듯 멈추지 않는 사랑과
노래하고 춤추고 이야기하는 축제에 대한 그리움이니
나는 세상이 잔치이기를 바란다

고난은 사라지고
사위어가는 모닥불 옆에서
기나긴 인생의 이야기들을 들으며
가장 조라한 모습 속에 감춰진 흥미진진한 긴 여정을 따라나

서고
가장 부유한 자의 외로움과 후회를 위로하고
지난 사랑의 이야기를 눈물로 듣기를 좋아한다
그리해 햇살이 쏟아져 눈을 뜰 수 없는 빛나는 바다를
하얀 돛배로 항해하고
달빛 가득한 여름 바다에서 벌거벗은 몸으로 헤엄을 치고
폭우가 쏟아지고 천둥이 치는 날
촛불을 밝히고 포도주를 마시고
흰 눈이 쏟아질 때 모자를 쓰고
설산을 걸어가리라
가까운 사람들과 더불어 낯선 사람들을 가슴으로 받아들이고
내 안에 더 많은 하느님을 품고
하늘에 가득한 별을 쳐다보리니
이것이 내가 꿈꾸는 일이다

좋은 휴식은 좋은 변화를 제공한다

휴식은 자신에게 선사한 따뜻한 시간이다. 자신에게 시간을 주지 않고 어떻게 더 나아질 수 있겠는가? 왜 우리는 늘 바쁘고 또 다른 사람을 바쁘게 하는가? 바쁜 사람은 바보다. 자신을 괴롭히고 남을 못살게 할 뿐이다. 휴식이 게으름이나 소비로 느껴지지 않을 때, 한 사회가 이에 진심으로 공감할 때, 우리는 훨씬 나아진 사회에 살게 된다. 우리가 좀 더 나은 사람이 되는 것, 이것이 바로 긍정적 변화인 것이다.

*

'지금 시간을 낸다는 것'은 자신의 시간을 중요한 일에 쓸 수 있다는 것을 말한다. 중요한 일에 시간을 쓰지 못하면, 그 시간은 자신의 소유가 아니다. 그것은 당신에게 그 일을 시킨 사람의 시간이 된다. 먹고살기 위해 시간을 팔았다면, 그것은 자유를 판 것이며, 아무래도 훌륭한 행위라고 말할 수는 없다. 따라서 자신의 삶을 위해 시간을 낼 수 있도록 해야 한다.

그런데도 가장 어려운 일이 자신의 중요한 일을 위해 시간을 내는 것이다. 우리는 사회생활을 하면서 도처에서 여러 겹의 사슬로 묶여있다는 것을 실감한다. 그러나 지금 중요한 일을 위해 시간을 만들어야 한다. 늘 바빠야 하는 강박감에서 벗어나 게으를 수 있는 권리가 있다는 것을 상기해보자.

*

역설적으로 가장 한가로운 사람은 시간을 절대로 가지지 않은 사람이다. 그들은 시간을 그대로 놓아둔다. 그들은 그들의 삶을 선물先物 거래의 대상으로 만들지 않는다. 다시 말해 조각조각 분해된 시간의 조각을 먼저 어딘가에 배타적으로 묶어놓지 않는다는 말이다.

한가롭기 위해서는, 좀 더 정확히 말하자면 시간의 존재를 잊고 시간 속에서 자신의 일에 몰입하기 위해서는 시계를 봐야 하는 약속을 줄이는 것이 가장 현명하다. 약속에 대한 압박을 받지 않아야 '시간의 주인'이 될 수 있다.

*

미래로부터 현재로 흘러온 미래의 기억을 더듬어, 지금 살아 숨 쉬는 일상의 시간을 다시 한 번 아름다운 것으로 만들 수 있는 힘과 충동 없이 이렇게 우리가 행복해질 수 있겠는가?

좋은 휴식은 좋은 변화의 계기를 제공한다. 살아간다는 것이 무엇을 얻으려는 것이 아니라 스스로를 완성해가는 과정이라는 것을 믿으면 순간순간이야말로 우리가 조금씩 변해가기 위해 쓸 수 있는, 살아 숨 쉬는 시간이라는 것을 알게 된다. 우리의 삶이 무엇인가를 얻으려는 것일 때 모든 순간은 그것을 얻는 순간을 위해 기립해서 박수를 쳐야 한다. 다른 모든 시간은 어려움을 감내해야 하는 시간이고, 참아야 하는 시간이며, 극복해야 할 어려움으로 가득 찬 시간이다. 그러나 정말 그것이 그래야 하는 일인가?

*

아무 때나, 근무를 하다가도 조용히 나와 십 분쯤 걷다 들어가도 좋다. 아무에게도 '허락받지 않은' 일탈은 가슴을 자유롭게 하는 두근거림이 있다. 한낮 찬란한 시간에 누구의 허락도 없이 빠져나온 십 분은 그대가 다시 자리로 돌아와 한나절 좋은 기분으로 일할 수 있게 도와준다.

거리를 걸을 때는 아무 하릴없는 건달처럼 걸어라. 느긋한 마음으로 천천히 걷다 보면 보이지 않던 여러 가지를 보고 느낄 수 있다. 지하도 입구에서 찹쌀떡 한 뭉치를 팔고 있는 할머니의 얼굴이 어떻게 생겼는지, 어떤 표정을 짓고 있는지 알게 된다.

*

　단언하건대 비효율적으로 한 달 반을 보내게 될 것이다. 쓴 만큼 못 얻는다는 것이 비효율의 정의다. 일주일에 다섯 군데밖에 구경하지 못했다면, 같은 시간에 열 군데를 둘러본 사람에 비해 얼간이 같은 짓을 했다는 뜻이다. 나는 얼간이가 될 것이다. 인생의 목적은 인생이다. 산다는 것이 바로 목적이다. 그래서 인생이 전부 경제와 경영일 수 없는 것이다. 사랑도 해야 하고 눈물도 흘려야 하고 순수한 배움 자체가 즐거운 것이기도 하다. 무엇보다 아무것도 하지 않는 휴식이 중요하다. 우리는 아무것도 하지 않을 때 가장 활동적이다. 철저하게 혼자 있을 때 가장 고독하지 않다. 이제 물리적으로 갈 수 없는 지리적 오지란 별로 없다. 마음속의 오지가 더 넓다. 나는 나와 함께 있을, 타인으로부터 자유로운 비밀스러운 공간을 찾아간다. 나를 위해 아낌없이 시간을 쓸 예정이다. 햇빛이 들과 밭에 내리듯이. 산과 강과 바다에 쾅쾅 쏟아지듯이. 거기에 무슨 효율이 있는가?

*

　일밖에 없는 일꾼은 성공한 실패자가 되고, 부유한 노예가 되고, 가족에게 미안한 가장이 되고, 늘 바쁜 아비가 되어 부자비한 사다리의 꼭대기를 향해 질주한다. 어플루엔자affluenza라는

'부자병' 바이러스에 감염된 사람들은 다른 사람이 정한 기준을 맞추기 위해 동분서주하고, 공허한 인생을 위로받기 위해 지나치게 돈에 집착한다.

누군가의 칭찬에 그렇게 연연하지 않았다면 어쩌면 무엇인가 정말 괜찮은 것을 얻게 되었을지도 모른다. 언젠가 후회할 날이 있으리라. 그러나 때가 되면 그때 후회하면 되지. 언젠가 그때 말이야. 제냐 양복을 입고 페라가모 구두를 신고서 비단길을 달려가다 어느 날 인생을 깨달은 사람처럼, 요가를 하고 명상을 하며 작은 자선을 베풀면서 살 수도 있을 테지.

*

바쁜 사람은 바보다. 그는 항상 중요한 일은 나중에 하고, 급한 일부터 처리하는 사람이다. 대부분의 사람이 그렇다. 그러므로 대부분의 사람은 시간이 한참 지난 후에 왜 그렇게 바빴는지, 그동안 무엇을 했는지 잘 기억하지 못한다. 중요한 일은 급하지 않다는 이유로 언제나 그대로 방치하다가, 잠시 숨을 길게 내쉴 때에만 생각난다. 앞만 보고 죽을 둥 살 둥 뛰다가 보면, 아이들은 자라고, 늘어난 체중에 귀밑머리가 허옇다. 돈은 언제나 부족하고, 이루어놓은 것은 없다. 왜 그렇게 바빴는가? 무엇을 위해 사는가?

*

바쁘다는 것은 지우개와 같다. 모든 기억을 지우고 그리움을 지우며 의미를 지우고 생각을 지운다. 바쁘다는 것은 사람을 그저 움직이게 한다. 먹이를 나르는 개미처럼 한없이 움직이게 한다. 경제라는 본능에 따라 프로그램이 된 것처럼 낮도 밤도 없이 움직이기만 한다. 똑같이. 이 지겨운 반복적 소모를 '일한다'라고 부른다.

*

바쁘다는 것, 그리하여 빨라질 수밖에 없게 되는 것, 이것은 우리가 놀고 쉴 줄 모르는 사람들이 되어가고 있다는 것을 의미한다. 문화는 쉽게 말해 잘 노는 것이다. 자기가 원하는 것을 하고, 자기가 스스로의 삶을 조직하는 능력을 배양할 수 있게 하는 것이다. 자유시간이 부족하면 자기의 삶을 자율적으로 조직할 수 있는 가능성이 낮아진다. 문화는 본질적으로 스스로를 유한계급으로 만드는 과정이다. 문화사회란 그러므로 일하는 시간을 줄여 그 시간을 자아의 실현을 위해 투여하는 사회다. 노동이 지배하는 사회가 아니라 사람들의 자율적인 활동이 지배하는 사회가 바로 문화사회인 것이다.

*

　많은 사람이 현대인의 특징으로 바쁜 것을 꼽으면서 바쁘지 않으면 존재 가치가 없는 것처럼 얘기한다. 그런데 이렇게 바쁘게 시간을 쓰다 보면 결국 자기한테 남아있는 시간은 아주 적다. 그 적은 시간조차도 술집을 기웃대고 이성을 흘깃대고 세상의 이목에 신경 쓰느라 자기를 위해서 쓰지 못하는 것이 바로 현대인이다. 이렇게 자기만의 시간이 하나도 없는데도 자기 인생을 산다고 하겠는가. 자기 인생을 살기 위해서는 자기 내면을 들여다보는 시간이 필요하다. 고독한 시간 말이다. 고독은 다른 사람이 대신해줄 수 없다. 그러니까 홀로 내면으로 침잠해 들어가 자신을 들여다보는 성찰의 시간을 가져야 한다.

*

　여행은 자유다. 그리고 일상은 우리가 매여있는 질서다. 질서에 지치면 자유를 찾아 떠나고 자유에 지치면 다시 질서로 되돌아온다. 떠날 수 있기 때문에 일상에 매여있는 우리에게 여행은 늘 매력적인 것이며, 되돌아올 수 있기 때문에 비장하지 않다.
　여행처럼 설레는 것은 없다. 지도처럼 매혹적인 것 또한 없다. 그것을 보고 있으면 가슴이 뛴다. 강진의 햇살이 느껴지고, 마량에서는 500년 전과 같이 제주에서 들어온 배에서 말들이

투레질을 하며 내려오는 듯하다. 해남 대흥사의 숲이 가득한 어느 길목에서 나는 젊디젊은 나와 만나게 된다. 그때 무슨 생각을 했던가? 왜 그리도 마음이 아팠던가? 왜 그때 진도에서 울돌목을 건너와 길가의 그 바위에 그렇게 앉아 있었던가?

여행은 익숙한 것과의 결별이며 낯선 곳에서 아침을 맞는 것이다. 달빛 그윽한 밤에 홀로 걷는 것이다. 어느 낯선 포구 신새벽에 플라스틱 통 속에서 펄펄 뛰는 생선을 보는 것이다. 매화 향기 그윽한 강가에서 술을 한잔 하는 것이다. 바람이 불어 벚꽃 잎들이 눈처럼 날리는 그 찰나에 그리움으로 터져버리는 것이다. 여행은 다른 사람이 덮던 이불을 덮고 자는 것이다. 그리고 다른 사람이 쓰던 밥그릇과 숟가락으로 밥을 먹는 것이다. 온갖 사람들이 다녀간 낡은 여관방 벽지 앞에서 옷을 갈아입는 것이다. 그리고 그 낡은 벽지가 기억하고 있는 수많은 사람의 이야기 속에 자신의 이야기를 더하는 것이다. 그럼으로써 자신을 다른 사람에게 보내고, 다른 사람을 자신 속으로 받아들이는 것이다.

*

여행은 목적지에 도착함으로써 절정에 다다르게 되는 것이지만, 지도를 펴놓고 계획을 잡는 것, 그리고 기차니 버스를 타고 가서, 거기서 배낭을 메고 걷는 것 역시 여행의 진미다. 사람을 만나기 위해 혹은 일을 보기 위해 거리로 나서는 순간 우리는 가벼운 여행을 하고 있는 것이다. 그렇게 생각하라.

*

삶 자체가 여행이다. 생명이 시작할 때 죽음도 같이 시작된다. 인생이 중반에 이르러 생명의 양과 죽음의 양은 절반씩 인생을 양분한다. 마치 낮과 밤처럼. 하루가 빛과 어둠으로 만들어지고, 삶이 생명과 죽음으로 짜여있다는 것은 재미있다. 나는 빛과 그림자 사이를 걷는다. 뜨거우면 나무 그늘에 앉아 쉬고, 추우면 햇빛 쪽으로 나온다. 여행은 질서에 지친 사람들이 자유를 찾아 길로 나서는 것이며, 길 위의 나그네로 지내는 자유에 지치면 다시 일상의 질서로 되돌아오는 것이다. 다른 사람 속에서 나를 보고, 내 속에서 다른 사람을 본다. 그리해 여러 모습으로 살아보는 것이다. 여행을 하지 않는 사람은 그러므로 여러 인생을 살아보지 못한다. 인생이라는 무대에서 한 번도 다른 배역을 맡아보지 못하고 한곳에서 하나의 배역에 그치고 말 때, 그것은 아마 항구를 떠나본 적이 없는 배와 같다. 그것을 배라고 부를 수 있을지 모르겠다.

우연히 열어젖힌 책 속에 이런 구절이 나온다. "집에서 기르는 소처럼 일 년을 살기보다는 하루라도 들소가 되라." 이윽고 "가장 많은 바다와 가장 많은 대륙을 본 자는 행복할지니"라는 글도 뒤따라 나온다. 어찌 이 순간에 이런 절묘한 글이 나타났단 말인가! 이제 알았다! 여행이란 이렇게 세계의 아무 곳이나 펼치는 것이고, 그때 꼭 맞게 나를 위한 장면을 우연히 만나게 되는 것이다. 그때 그 장면으로 나의 가슴이 열리는 것이고 이윽고 세상도 더 넓어진다. 이것이 내가 여행을 즐기는 이유다.

*

여행은 마음으로 하여금 공간과 시간을 넘어 물처럼 바람처럼 흐르게 하는 것입니다. 정신을 풀어놓고 마음을 열어놓는 것이지요. 세상과 조금 거리를 두는 것이고 무리와 대세로부터 한 걸음 옆으로 떨어져나오는 겁니다. 그곳에서 그들을 보고 또 나를 보는 것이지요. 이 객관성을 구경꾼의 마음이라 부를지 모릅니다. 돈 때문에 울고 웃는 참담한 집착과 교활한 모습을 발견하고 경계하는 것이지요. 그리고 다시 그 세상으로 들어가 하루하루를 살 준비를 하는 것이 여행의 떠나옴이라고 생각합니다. 여행은 그래서 도피가 아닙니다. 우리는 돌아오기 위해 떠나는 거죠. 버리기 위해 떠나는 것이고 버린 후에 되돌아오는 것이지요. 매일 걸어야 하는 사람에게는 배낭 하나도 무거운 짐입니다. 무엇을 더 담아 올 수 있겠어요? 여행을 하다 보면 가난의 의미를 알게 돼요. 가난은 무능력이 아님을 알게 된단 말이지요. 소유할 수 없는 것에 대한 욕심을 버리고, 지고 갈 수 없는 것들을 버리는 것이 삶의 무게에 깔리지 않는 것임을 가르쳐주지요.

*

기다림을 배워라. 기다리지 못하는 사람에게 기다림은 죽은 시간이다. 그러나 기다림은 특별하고 매력적인 시간이다. 모든 농부는 자연스럽게 익은 사과가 가장 맛있다는 것을 알고 있다. 여름 태양을 흠뻑 담은 달콤한 과일은 모두 기다림이 선사한 것이다. 기다림은 시간을 죽이는 것이 아니라 정성스러운 창조적 행동이다. 기다림은 맛을 깊게 한다.

*

어디를 걷든 걸을 때는 걱정거리를 놓아두고 가라. 고민은 책상과 서류 위에, 돈을 내라는 고지서는 탁상 어딘가에 놓아두고 밖으로 나와 걸어라.

며칠 안에 질 것이지만 오늘 피어있는 꽃은 아름다움의 절정에서 자신을 움츠리지 않는다. 감사하라, 그대가 이 세상에 있음에 대해. 오늘 세상을 등져야 하는 많은 사람에게 오늘은 무엇과도 바꿀 수 없는 특별한 날임을 또한 생각하라.

많이 걸어라. 자연 속을 걸을 수 있도록 애를 써라. 나무와 흙

길을 아주 천천히 걸어라. 접지를 통해 물리적 생명력을 받아들이고 사고를 통해 정신적 순환을 막힘없게 하는 것이 곧 걷는다는 것이다. 천천히 자연 속을 걷는 것처럼 우리를 살아있게 하는 것은 없다. 자연은 호흡이고 움직임이며 또한 고요함이다.

2장

내가 하고 싶은 것만이
나를 구한다

정말 하고 싶은 일이 있다면 그 일을 해라. 정말 잘할 수 있는 일을 찾으면 망설이지 마라. 떨리는 가슴으로 그 일을 선택하고 전력을 다하라. 매일 그 일 때문에 울고 웃어라. 그 일을 하며 사는 것 이 얼마나 축복받은 것인지 알게 될 것이다.

구본형은 불혹의 나이에 접어들면서 알 수 없는 불안감에 시달렸다. 글로벌 기업의 팀장이었던 그의 삶은 겉으로는 안정되어 보였지만, 내면은 어두운 숲에서 길을 잃은 듯했다. 열심히 살아왔지만 자신에 대해 잘 모른다는 사실을 절감했기 때문이다. 자신이 어떤 삶을 살고 싶은지 스스로에게 설명할 수 없었다. 이 상황을 타개하기 위해 16년간의 직장생활을 담보로 한 달 간의 귀중한 휴가를 얻어 무작정 지리산으로 단식을 하러 떠났다. 늘 발목을 붙잡았던 '밥'을 끊는 상징적인 행동을 통해 과거와 단절하고 싶었던 것이다.

포도만 먹는 단식이 일주일째 접어든 날이었다. 배가 고파 캄캄한 새벽에 일찍 깨었다. 잠은 다시 오지 않았고 그는 새벽을 아무 생각 없이 뒤척였다. 문득 서러움에 눈물이 흘렀다. 인생의 갈림길에서 그는 늘 차선책을 선택했고, 그것이 후회스러웠기 때문이었다. 그때 마음속에서 조그마한 목소리가 들렸다. "일어나 글을 써라. 너는 글을 써보고 싶지 않았느냐?" 마음속에서 무언가가 소리쳤다. 그전까지 그는 글을 써본 적이 없었다. 그저 언젠가 변화에 대한 책을 꼭 한 권 쓰고 싶다는 바람이 있었을 뿐이었다.

일어나 앉아서 글을 쓰기 시작했다. 그는 변화를 꿈꾸면서도 두려워하고 있는 자신에게 편지를 쓰듯 글을 썼다. 이것은 동시에 자신과 유사한 문제에 직면한 독자들을 위한 것이기도 했다. 매일 새벽 두 시간씩 글을 쓰는 일은 새로운 인생을 위한 통쾌

한 시작이 되었다. 글쓰기에 혼신의 힘을 쏟아 부었고 글을 쓰며 살아있음을 느꼈다.

"글과 나 사이에는 어떤 울림이 있었다. 어떤 공명共鳴 같은 것 말이다. 그쪽에서 북을 치면 내 마음 속에서 떨림이 느껴지는 이런 일체감이 나를 휩쓸고 지나가곤 했다."

글을 쓰는 새벽 두 시간은 어떤 것과도 양보할 수 없는 시간으로 자리 잡았다. 열 달쯤 지나서 첫 책《익숙한 것과의 결별》이 출간되었다. 책은 기대 이상으로 잘 팔려 베스트셀러가 되었다. 그는 이 책으로 자신이 책을 쓸 수 있다는 것을 알게 되었고, 몰입을 통해 스스로에게 선물을 줄 수 있는 사람이라는 것도 알게 되었다. 첫 책의 성공 이후에도 그는 직장을 그만두지 않고 새벽 글쓰기를 계속하여 매년 한두 권의 책을 더 출간했다. 그리고 마침내 20년간의 직장생활에 마침표를 찍었다. 그는 자유로운 글쟁이가 되어 가을 하늘을 지나는 푸른 바람처럼 살았다. 늘 막연하게 '하고 싶다'고 생각만 하던 그 일을, 늘 미뤄만 오던 '진짜 삶'을 비로소 시작한 결과였다.

박승오
변화경영연구소 3기 연구원

욕망만큼 강력한 자기격려는 없다

우리 모두 염소처럼 살아가는 호랑이들이다. 사회 속에서 조직 속에서 그렇게 길들여졌다. 우리는 어느 때 호랑이로서 자기 얼굴을 인식하게 될까? 그리고 호랑이로 포효하며 살아가게 될까? 나는 이 질문에 대답하고 싶다. 그러나 오해는 하지 말기 바란다. 내가 염소는 싫어하고 호랑이는 좋아한다고 말이다. 내가 미워하는 것은 다만 우리 속에 지금의 우리보다 훨씬 더 깊고 더 높은 것이 있다는 사실을 깨닫지 못하고 자신이 되지 못한 채 다른 사람으로 살고 있는 졸렬한 현재다.

나는 누구나 자신의 이야기, 즉 자신이 주인공인 신화 하나를 만들어 갖기를 바란다. 불가능한 꿈을 꿀수록, 매일 그 불가능을 믿는 훈련을 통해 우리의 정신근육은 단련된다. 불가능한 일을 믿을 수 없다고? 그것은 소용없는 일이라고? 그럴지도 모른다. 그러나 인류가 만들어낸 위대한 일 가운데 어느 하나도 한때 불가능하지 않았던 적은 없다. 누군가가 꿈을 꾸고 목표를 정하는 순간 그것은 현실의 세계로 이끌려 왔다. 가슴에 불가능한 꿈을 품자. 매일 꿈꾸는 연습을 하자. 아침밥을 먹기 진 불가능한 일 하나씩을 믿어보자. 그때 우리는 염소에서 호랑이로 전환하게 된다.

*

　당신의 이름을 가만히 불러보고, 그 이름이 의미하는 것이 무엇인지 자문해보라. 당신은 스스로를 좋아하는가?

　아니라면 지금 당장 마음속 깊은 곳에 숨어있는 욕망을 찾아 떠나라. 당신의 미래가 복제된 작은 도토리를 심어라. 그리고 하루에 두 시간은 이 꿈을 키우기 위해 써라. 밥 한 그릇과 옷 몇 벌을 사기 위해 자신이 가지고 있는 모든 시간을 파는 것은 노예다. 결국 다른 사람이 만들어준 삶을 살며, 언제나 상황의 희생자일 뿐이다. 세상은 '하고 싶은 일'을 하며 사는 것이다. 하고 싶은 일을 하고 있을 때, 우리는 행복하다. 욕망에 솔직해져야 한다. 그리고 오직 하나의 욕망에 평생을 걸어야 한다. 선택은 다른 것을 버린다는 것이다. 선택된 욕망에 모든 것을 내주어라. 사랑해줘라. 그때 비로소 자신의 삶을 규정할 수 있다.

*

　욕망은 깊고 깊은 곳에 있다. 스스로도 움켜잡을 수 없는 모습으로 숨어 있다. 그것은 단순한 소망이나 충동이 아니다. 너무나 절실하여 우리를 행동으로 내모는 그런 것이다. 욕망을 가진 사람은 그것에 오랜 시간을 쓴다. 그것을 위해 다른 것을 희생하기도 하고, 자존심을 굽힐 줄도 안다. 어려운 상황을 견뎌내기도 하고, 다른 사람이 어떻게 생각하는지 개의치 않는다. 그리고 그 일에 말할 수 없는 정열을 가지고 있으며, 새로운 관점에서 다른 사람을 설득할 수 있다.

*

욕망이 없는 삶은 이미 속세가 아니다. 모든 사람이 욕망과 화해하고 대항해 싸우는 수도사가 될 필요는 없다. 나는 욕망을 사랑한다. 욕망만큼 강력한 모티베이션은 없다.

일상의 삶은 그것으로부터 힘을 얻는다. 삶이 어려운 것은 가난하기 때문이 아니다. 욕망이 죽어가기 때문이다. 질병에 걸리는 것은 박테리아와 바이러스 때문이 아니다. 우리 몸속에 이미 이들을 이길 수 있는 힘이 있다. 병은 마음에 있다. 욕망을 잃은 삶은 죽은 것이다. 재미가 없다.

*

중요한 것을 미루는 것은 불행한 사람들의 공통점이다. 바쁘다는 것 속에 모든 것을 묻어두는 사람은 어리석은 사람이다. '지금' 마음의 밭을 파헤쳐 잊고 있었던 욕망이라는 작은 도토리를 찾아내라. 주눅 들고, 삶에 지쳐 피곤한 당신의 무관심 속에서 빼빼 말라 시든 꿈의 원형을 찾아내라. 아직 살아있을 것이다. 심어라. 그리고 농부처럼 키워라. 언젠가 또한 스스로 농부가 키운 훌륭한 한 그루의 나무가 될 수 있을 것이다.

*

지금이 좋지 않다는 인식은 '변화가 절실하다'는 것을 자신에게 설득시키기에 적합한 환경을 만들어낸다. 어려워야 비로소 벗어나고 싶어 하기 때문이다. 이 절실함이 바로 '지금' 변화할 수 있는 원동력이다. '절실함'이 없으면 변화는 늘 '내일의 일'에 불과하다. 나는 절실하지 않은 변화가 성공하는 것을 본 적이 없다. 그것은 허위고 왜곡이고 기만이고 투정에 불과하다.

간과하지 말아야 할 점은 이 '절실함'이라는 변화의 원동력은 '방향을 가지고 있지 않은 힘'이라는 것이다. 방향을 가질 때 힘은 비로소 유용한 동력으로 활용될 수 있다. 힘에 방향성을 실어 주는 것이 바로 '꿈'이다. 나는 불만이 많은 사람을 수없이 보았다. 그러나 유감스럽게도 갈 곳이 분명한 사람은 많이 보지 못했다. 역시 갈 곳을 알지 못하기 때문에 고민한다. '갈 곳'이 바로 꿈이다. 이룰 꿈이 없는데 어떻게 꿈이 이루어지는가?

누구도 다른 사람에게 '갈 곳'을 알려 줄 수 없다. 왜냐하면 누구도 다른 누구에게 신이 아니기 때문이다. 자신이 갈 곳을 찾아내는 것은 자신에 대한 책임이다. 꿈은 꾸어질 때, 비로소 이룰 수 있는 현실이 되는 것이다.

자신에게 시간을 내지 못하면 하고 싶은 욕망을 이룰 수 없다. 욕망은 오직 꿈과 그리움으로 남을 뿐이다. 하루에 자신만을 위해 적어도 두 시간은 써라. 그렇지 않고는 좋은 전문가가 될 수 없다. 다른 사람을 베끼고 모방해야 한다. 대가들을 통째로 삼켜야 한다. 그리고 다시 토해 내야 한다. 개인적 체험과 깨달음을 자신의 체액 속에 담을 수 있어야 한다. 그리하여 스스로의 언어로 재구성하고 표현할 수 있어야 한다.

자신을 위해 시간을 쓸 수 없다면 당신은 살아있는 사람이 아니다. 더 이상 쓸 시간이 없다는 것이 바로 죽었다는 뜻이다. 만들어주는 대로 살지 마라. 삶은 만들어가는 것이다.

＊

과거에 대한 기억상실자들은 과거로부터 자유롭기 때문에 보통 사람보다 커다란 꿈을 가진다. 그들은 이룰 수 있는 현실로서의 꿈을 믿으며 그 꿈에 보다 충실하다. 삶을 다시 한 번 아름답고 멋진 것으로 만들고 싶어 하는 사람들은 언제나 미래를 현실로 인식한다.

*

우리에게 꿈은 무엇인가? 자유다.

자신을 주도적 인물로 정립하기 위한 정신작용이다. 그것은 우리가 다른 사람의 기대와 요구에 따라 움직이는 축소된 존재로 살아가는 것을 거부하는 것이다. 만들어지는 대로 사는 삶을 버리고 세상 속에 제 마음대로 할 수 있는 자신의 제국 하나를 만들어내겠다는 자기선언인 것이다. 모든 평범한 자는 우연한 사건을 만나 영혼을 흔드는 각성을 거쳐 사회가 강요한 꿈이 아닌 자신의 꿈을 꾸게 되는 위대한 모험의 길로 들어서게 된다. 꿈길, 우리의 모든 걸출한 모험은 이 길을 따라 걸으며 시작된다. 꿈은 과거에 대한 미래의 승리인 것이다.

*

그렇지만 맘껏 상상력을 풀어놓아 생겨난 비현실성은 어떻게 처리해야 할까? 걱정하지 마라. 꿈에는 현실이 없다. 꿈을 꿀 때는 이뤄질 수 없는 꿈을 꿔야 한다. 불가능한 꿈을 꾸는 것, 그것이 꿈꾸는 자의 특권이다. 그래서 꿈은 우리가 계획한 것 중에서 가장 대담한 것이다. 분명한 것은 인류의 진보를 만들어낸 것은 바로 그 대담한 꿈을 꾼 사람들이라는 점이다. '길들여진 두뇌'의 패러다임은 넘어설 수 있다. 따라서 우리가 현실성의 문제를 따질 때는 꿈이 그 실천에 이르렀을 때다. 이때는 하나의 해결책밖에는 없다. '내일 죽을 것처럼 행하는 것', 이것이 묘책이다.

*

나는 젊음의 가장 중요한 특성은 바로 '아주 많은 우연한 사건들' 속에 자신을 노출시키는 용기라고 생각하네. 지나고 보니 인생은 결국 여러 크고 작은 사건들로 짜여있다는 것을 알게 되었네. 계획대로 일이 이루어져 기쁘기도 하고, 오래 준비하고 바라던 일이 무산되어 엉뚱한 곳으로 흘러가는 삶에 당황하고 고통스러워하며 지내기도 하지만, 결국 그 사건들이 곧 인생의 내용이라는 것을 깨닫게 된 것이네.

누군가의 삶이 흥미진진한 이야깃거리가 되려면 그 사건들이 흥미진진해야 하지 않겠는가? 이것은 커다란 사건만을 추구하라는 뜻이 아니라네. 중요한 것은 어떤 사건이든 그것을 훌륭하게 재해석해낼 수 있는 힘에 달려 있네.

*

젊음은 젊음으로 인생에 기여한다네. 너무도 쉽게 늙지 말게. 위대한 것이 그대의 가슴속에서 자라나는 것을 받아들이고, 우주와 공명하며 자신에게 맡겨진 '그 일'을 반드시 해내게.

*

  젊은이들은 모두 학교를 졸업하면 회사로 몰려간다. 회사
는 밥이고, 일상이고, 땀이고, 속박이다. 우리는 그 안에서 지치
고, 반복하고, 눈치 보고, 할 말을 참는다. 현실은 우리가 리얼리
스트가 되도록 한다. 좋다. 인정하고 받아들이자. 땅에 뿌리내
린 리얼리스트가 되자. 그러나 꿈을 꾸자. 하늘로부터 받은 모
든 영감을 동원하고 지혜를 빌려 누구도 생각하지 못한 일을 기
도企圖해보자.
  그 일이 나를 자랑스럽게 만들도록 특별한 생각을 내 현실 속
에 구현해보자. 이때 우리의 현실은 살 만한 것이 되고, 우리의
생각은 새로운 현실이 된다. 이쯤 되면 나는 세상이 만들어주는
대로 사는 수동성에서 벗어나 세상 속에 내 생각 하나가 숨 쉬
고 자라나게 하는 작은 제국을 건설하게 된다. 내 마음대로 작
동하는 우주 하나가 생겨나는 것이다.
  너의 두려움, 그 두려움 앞에 움츠러드는 열정, 그리고 막상
새로운 일을 시작할 때의 불안은 오히려 본질적인 변화를 예고
하는 나팔수들이다. 바로 너의 정신적 각성이 인생의 변곡점과
도약점에 서있다는 것을 뜻하는 것이기도 하다. 이제 여행의 마
지막 일정을 네 미래로 가득 채우길 바란다. 꿈은 미래를 지향

하고, 마음은 현재의 살아있음을 감지할 때, 삶은 올바른 방향으로 지금을 음미하며 나아갈 수 있는 것이다.

아, 인생을 하고 싶은 일로 가득 채우는 일, 그 일보다 신나는 일이 어디 있겠느냐? 좋아하는 일을 하면서 보내기에도 너무 짧은 인생인 것을.

*

나는 이 잔에 물을 가득 채우는 것이 인생을 사는 것이라고 생각한다. 어떤 사람은 자신의 손으로 물을 채우고, 어떤 사람은 또 다른 '무엇인가'가 그 잔을 채우는 것을 방관한다.

마치 자신의 인생이 아닌 것처럼.

나는 우리가 스스로의 손으로

이 잔의 나머지 반을 채워야 한다고 믿고 있다.

그것이 인생에 대한 즐거운 책임이라고 생각한다.

*

꿈은 공상 속에서 찾아오는 것이 아니다. 꿈은 처음에 화분 한 개로 시작한다. 가장 자기다운 작은 관심의 실천으로부터 구체화되기 시작한다. 그것은 하나의 씨앗이다. 가장 자기다운 DNA를 가진 원초적 배아다. 씨를 하나 땅에 심을 때, 우리의 꿈은 비로소 뿌리를 내리게 된다. 그리고 우리는 시간이 지난 후에 그것이 바로 자기였음을 알게 된다.

갈 곳을 만들고 준비가 되면 떠나는 것이다. 모든 새로운 것은 이렇게 시작한다. 그것은 가장 나다운 길이어야 한다. 먹고 살고 또한 즐길 수 있는 그런 것이어야 한다.

*

현실을 자세히 보라. 디테일이라고 하는 촘촘한 그물망 속에 내가 보인다.

내가 아닌 것들과 나인 것을 구별하라.

나인 것이면서 세상이 요구하고 있는 기대된 나를 연결하라.

그리고 새로운 나를 재창조하라. 내가 만들어낸 최고의 나를 꿈꿔라.

지금의 나와 유토피아 속의 나를 이어주는 다리를 만들어라.

시간을 내어 매일 이 다리를 건너라.

유토피아로 제대로 가고 있는지 이정표를 확인하라.

*

매일 아침 나는 스스로 훈련한다. 아침에 일어나 불가능한 일 하나를 꿈꾸기 시작한다. 그것은 어제 꾸었던 꿈의 연장일 때도 있고, 불현듯 떠오른 다른 꿈이기도 하다. 어쨌든 나는 현실이 아닌 비현실 하나를 믿는 훈련을 해본다. 내 마음대로 해볼수 있는 세상 하나를 창조해보는 연습을 한다. 그러면 나는 훨씬 괜찮은 글을 쓸 수 있게 된다. 이상하지만 이런 정신적 근육의 훈련이 나를 젊게 만든다. 젊은 사람들이 부르는 노래를 따라 부르지 않아도 열린 마음을 가진 젊은 정신을 가지고 있다는 것을 믿게 된다.

*

내가 20년간 잘 다니던 좋은 회사를 그만두고 나올 때, 나 역시 불안했다. 그러나 나는 나오기로 마음먹고 있었다. 내가 결정하지 못한 것은 나와서 무엇을 할 것인지, 그리고 언제 나올 것인지 하는 문제였다. 나는 내가 원하는 삶을 살고 싶었다. 나는 삼 년 동안 준비했다. 매일 새벽 네 시에 일어나 두 시간씩 나는 내가 갈 길을 준비했다. 그리고 일 년에 한 번씩 그 준비 결과를 시험했다. 나는 매년 책을 한 권씩 써낼 수 있다는 자신감을 가지게 되었다. 일 년에 하루 두 시간씩 700시간을 투자하여 한 권의 책을 만들어낼 수 있다는 작은 승리가 나를 스스로 믿게 했다. 내가 나를 믿게 되자 아내 역시 나를 믿게 되었다.

세상에서 내가 가장 잘할 수 있는 일

어려서부터 오직 그 일만을 생각하고 그 일만을 준비해서 결국 그 일을 하며 살게 되는 사람들이 없는 것은 아니나, 그런 사람은 매우 적다.

이렇게 운이 좋은 사람들이라도 살다 보면 그 분야 안에서 또 여러 갈림길을 거치게 되어 있다. 결국 사람들은 어떤 우연한 만남을 필연으로 만들어가며 살게 된다.

우연히 어찌어찌하여 온 것이든 오래 계획하여 얻은 것이든, 언제나 그 일이 자신에게 어울리는지를 묻고, 그렇다고 대답할 수 있다면 모든 것을 걸고 그 길을 가라. 그것이 곧 직업적 성공이다.

때가 되어 자신이 누구인지 알게 되면 두려워하지 말고 그 길을 걸어라. 정말 하고 싶은 일이 있다면 그 일을 해라. 정말 잘할 수 있는 일을 찾으면 망설이지 마라. 떨리는 가슴으로 그 일을 선택하고 전력을 다하라. 매일 그 일 때문에 웃고 울어라. 그 일을 하며 사는 것이 얼마나 축복받은 것인지 알게 될 것이다.

상상해보라. 날마다 떨리는 가슴으로 일어나 해가 뜨면 그 붉은 흥분과 함께 하루가 시작된다. 차가운 물로 세수하고 나서 매일 그 일을 한다. 그 일은 보람이고 기쁨이다.

세월이 흘러 우리는 누구보다 더 그 일을 잘하게 되고, 그로 인해 유명해질 것이다. 그리고 그 일이 꼭 맞는 우리의 인생이 될 것이다. 멋지지 않은가.

*

우리가 먹은 음식이 우리의 육체를 만들고, 우리가 본 책들이 우리의 생각을 만들고, 우리의 직업이 우리 삶의 태도를 결정한다. 좀 더 과장해서 말한다면 "인간은 그가 하는 일 자체"다. 그러므로 모든 것을 즐겁게 바칠 수 있는 '천복'을 찾아가려는 노력을 게을리해서는 안 된다.

*

참을 수 없이 하고 싶은 일이 있다면 두려워 말고 그 일을 따라나서라. 그 우주적 떨림을 거부하지 마라. 그 일 속에서 살아 있음을 느낀다면 그 일이 곧 자신의 천직임을 알아야 한다. 그러나 아직 그런 떨림을 얻지 못했다면, 지금 주어진 일을 아주 잘해낼 수 있는 즐거운 방식을 찾아야 한다. 그 방법을 알아내는 순간 매일 숙제처럼 목을 죄어오던 일상의 일들 중에 어떤 것들은 나의 타고난 적성에 잘 어울려 이내 즐거움으로 바뀌게 된다는 것을 알게 될 것이다. 나는 그 일이 내 천직으로 가는 입

구라는 것을 믿게 되었다. 그 일에 통달하게 되면 죽을 때까지 먹고살 수 있는 평생의 직업으로 변용될 것이다. 이것이 바로 직장인의 필살기 발굴 원칙이다.

*

자, 이제 우리 기억하자. 인생은 복잡하다. 그러나 그 핵심은 간단하다. 하고 싶은 일을 찾아 타고난 재능과 기질을 다해 그 일을 사랑하며 마음 맞는 사람들과 어울려 살면 행복하고 성공한 것이다. 그 외에 무엇이 더 중요하겠는가?

그렇다면 우리는 어떤 시각을 가져야 할까? 복잡함의 이면에 자리 잡은 단순 명료한 정신은 무엇일까?

이렇게 집중하여 물어보는 습관을 갖도록 하자. 그러면 좋은 능력이 생겨날 것이다. 핵심을 질문하는 능력, 마음으로 보는 능력 말이다. 정말 신나는 일 아닌가?

*

잊으면 안 된다. '세상에서 내가 가장 잘할 수 있는 일'은 강한 재능이 그것을 받쳐주어야 한다는 사실을 말이다. 상대적으로 강한 재능이지만 아직은 평범하기 이를 데 없는 수준의 재능을 소중하게 여기고 잘 키워주면 멋지게 꽃피울 수 있다. 그런

면에서 재능이란 천재들의 이야기가 아니라 '평범한 재능을 비범하게 발전시킨 보통 사람들의 이야기'임을 늘 기억해야 한다.

*

대책 없이 낙관적인 사람들은 모두 망상을 가지고 있다. 망상은 꿈과 다르다. 꿈은 자신이 만들어낸 창조물이다. 따라서 꿈을 이루는 것도 자신의 몫이다.

꿈을 가진 사람은 이러한 사실을 잘 알고 있기 때문에 여기에 피와 땀을 바친다. 그러나 망상은 과장된 상황이 만든 것이다. 상황이 모든 것을 이루게 해준다고 믿으며 그것을 이루어가는 데 자신의 노력을 기울이지 않는다. 피와 땀이 빠진 기대, 그것은 꿈이 아니라 망상이다.

*

작은 능력이라도 십분 다 쓰고 가면 성공적이다. 신이 준 것을 힘껏 활용해야 한다. 받지 못한 것에 실망하거나 슬퍼할 일이 아니다. 받지 못한 것에 땀을 흘리지는 마라. 적합한 투자가 아니다. 땀은 훌륭한 미덕이지만 노력만 하는 삶은 괴로운 인생이다. 오직 받은 것에 집중하자. 이때만이 땀은 우리에게 보상한다. 특히, 차별적 특성을 찾아내 강점으로 만들어낼 수 있는 다음 두 가지 방법에 주목하라.

  1) 나의 핵심 역량을 어디에 써먹을 것인가?

  2) 긴밀하게 결합해 시너지를 만들어내라.

*

  반드시 최선을 선택하라. 무엇이 최선인가? 잘하는 일을 하라. 그것이 급소다. 해보지 않았다는 것이 두려운 것이 아니라 잘 해내지 못하는 것이 두려운 것이다. 나이가 들수록 인생의 살아야 할 날들이 소중해진다. '이 나이에 무슨 새로운 일을 하랴'가 아니라, '이 나이이기 때문에 내가 잘할 수 있는 일을 더 이상 아낄 수 없는' 것이다.

  생긴 대로 살면 후회가 없다. 누구나 제가 하고 싶은 일을 하면 즐거운 것이다. 왜 그렇게 살 수 없단 말인가? 내가 원하는 것, 타고난 대로 살 수 없는 것에 대해 늘 이의를 제기하고 저항하고 스스로에게 요구하는 것에 사람들은 왜 인색한 것일까? 세상은 아름답고 이 아름다운 세상에서 왜 내가 하고 싶은 일을 할 수 없는지 소리쳐 보아라.

*

  자신에 대한 탐구에는 끝이 없다. 이것은 세계의 변방과 오지를 찾아다니는 모험처럼 두렵고 흥미롭다. 자신이 원한다고 생각하는 것들의 배후를 읽을 수 읽도록 주의하자. 그것이 정말 자신이 원하는 것이기 때문에 원하고 있는 것인지, 아니면 그것이 사회적으로 그럴듯해 보이기 때문에 자신이 원하는 것이라고 생각하게 되었는지 곰곰이 생각하라. 마음이 이끄는 대로 조용히 놓아두자. 어떤 사회적 선악과 가치의 여과 없이 자신의 마음이 바라는 것을 직시하자. 그리고 물어보자. 평생 그 일만 하며 살았을 때, 그리하여 그 일을 아주 잘하게 되었을 때, 자신의 인생이 좋았다고 말할 수 있을까? 만일 그렇다고 믿을 수 있다면, 그것이 바로 지금 당신이 원하는 일이다.

*

내게 주어진 시간을 사용하는 데 가장 중요한 첫 번째는 '무엇을 할 것인가'라는 질문이다. 이것은 욕망과 관계가 있고, 깊은 마음속에서 진정한 욕망을 건져낼 때 우리는 그것을 위해 시간을 사용할 수 있다. 두 번째 중요한 것은 이것을 위해 24시간을 어떻게 개편할 것인가 하는 문제다. 욕망이 그저 꿈으로만 남아 있어서는 안 된다. 그것은 일상 속에서 구체화되는 과정을 필요로 한다.

자전거를 배우기 위해서는 넘어져야 한다. 즉 우리는 넘어짐을 위한 시간을 필요로 한다. 총을 잘 쏘기 위해 필요한 것은 2

만 발쯤 연습 사격을 하는 것이다. 우리에게 지금 필요한 것은 2만 발의 첫 열 발을 쏘는 것이고, 내일 다시 열 발을 추가하는 것이고, 매일 그렇게 이 일에 시간을 투자하는 것이다. 시간을 통해 우리는 욕망에 다가간다.

*

무엇을 새로 시작하기에 이미 늙어버린 경우는 없다. 너무 늙어 마음이 굳어버린다는 것도 있어서는 안 된다. 삶에는 언제나 약간의 흥분이 필요하다. 그리고 언제나 새로 시작할 수 있음을 믿어야 한다. 시작하기에 너무 늦은 일도 너무 늦은 일도 없다. 마음에 드는 길을 찾아 나서는 것은 언제나 할 수 있는 일임을 믿어야 한다. 젊다는 것은 쓸 수 있는 시간이 많다는 것을 의미한다. 그저 일과에 쫓기는 사람은 자신을 위해 쓸 수 있는 시간이 많지 않다. 마음대로 쓸 수 있는 시간만큼 사람은 자유롭다.

*

시간을 자신에게 주어야 한다. 그렇지 않으면 자신이 누구인지 알 수 없다. 그렇지 않으면 자신의 삶이 무엇인지 알 수 없다. 우리가 이 세상에 어떻게 존재하는가라는 존재 양태가 바로 각 개인의 삶이다. 자신이 만들어가는 인생은 좋아하고 잘하는 것

을 해가며 사는 것이다. 그때 우리는 행복하다. 행복한 사람만
이 오직 자신의 삶을 통해서 다른 사람의 행복에 기여할 수 있
다. 우리에게 행복해질 권리가 있다는 것을 믿어라.

*

하고 있는 일의 미래를 걱정하는 사람이 많다. 미래가 없는
일을 하고 있다고 절망하는 사람도 있다. 그러나 대개의 경우,
하나의 일을 아직 잘하지 못하기 때문에 오는 방황이다. 어떤
일에 깨달음을 얻어 밝아지면 자신이 곧 그 일의 미래라는 것을
알게 된다. 어떤 일을 아주 잘하려면 타고난 재능과 각고의 노
력과 하늘의 도움이 있어야 한다. 더욱이 천업이라 믿고 하나의
일에 평생을 매달려야 한다. 그것이 무엇이든 제 생긴 대로 살
겠다는 뱃심이 중요하다. 나약한 사람은 어떤 경지에도 이를 수
없다. 정진에는 용맹보다 나은 것이 없다. 백척간두에서 또 한
발을 내딛는 것이다. 목숨을 걸어야 한다.

*

자신이 지금 하고 있는 일을 어떻게 규정하는가에 따라 그 일
의 주인도 되고 그 일의 종이 되기도 합니다. 무슨 일을 하든 그
내용보다는 대하는 방식에 따라 일은 그 모습을 달리합니다. 설

거지는 누군가 대신해주기를 바라는 단순노동이지만 어떤 이들에게는 일이십 분 정도의 무념무상에 이르는 명상의 시간이 되기도 합니다. 선방에서만 우아한 선이 이루어지는 것이 아니라 세속의 가정에서도 선은 행해지는 것입니다. 그래서 선방에서만 선禪을 행하려는 수도승을 꾸짖고 책 속에서만 지식을 구하려는 학자들을 웃어줄 수 있는 것입니다. 지혜는 어디에나 있지만 찾으려는 사람들의 눈에만 보입니다.

*

'재미없으면 하지 마라', 이건 아주 신나는 모토다. 현재 하고 있는 직무가 재미없다면 하지 말자는 것이다. 회사를 다니는 직장인이 어떻게 그럴 수 있을까? 일은 재미로 하는 것이 아니라 내 맘대로 하기 싫다고 안 할 수는 없을 텐데 말이다.

이는 현재 직무를 바꿀 수 있으면 바꾸라는 것이다. 그래서 내게 주어진 일들이 적성에 맞는 태스크들로 더 많이 구성되게 하는 것이다.

당장 좋아하는 직무로 옮겨갈 수 없다면 차선책을 쓸 수밖에 없다. 누구의 힘도 빌리지 않고 자력으로 해결책을 강구하는 것이다.

현재의 직무 중에서 '중요하지도 않고, 적성에 맞지도 않는 태스크'부터 하나씩 제거해나가는 것이다. 자신에게 적용하는 개인 차원의 '경영혁신' 과제라고 생각하라. 부가가치가 적은 일을 도려냄으로 여기서 얻은 시간을 더 중요하고 적성에 맞는 일을 위해 투입할 수 있기 때문에 누구든 주도적으로 시작할 수 있다.

*

자신의 직업에 대한 자긍심은 법과 도덕으로부터 한 걸음 더 나아가는 것이다. 도덕은 최소한의 공동가치이며 법은 최소한의 질서다. 그러나 그것은 단지 기본일 뿐이다. 도덕을 지키는 것이 중요한 일이 아니라 아름다움을 지향하는 것이 중요하다. 아름다움은 무한한 영역이다. 도덕이라는 '최소함'에 갇히지 말고 훨씬 더 멀리 가야 한다. 아름다움은 '내 삶에 대하여 책임이 있는 것은 세상이 아니라 나'라는 인식에서 비롯된다. 그것은 도전이며, 열정이며, 영혼이다.

*

직업이 소명이라는 것을 믿어라. 천직을 찾아내는 것이 쉽지는 않지만 그것을 찾아가는 과정을 신의 소명을 발견해가는 순례라고 생각하리. 신은 우리 속에 그 소명을 찾아갈 수 있는 온갖 종류의 표시와 신호와 실마리를 안배해두셨다.

'나'라는 신의 수수께끼를 풀어라. 아마 신은 우리를 창조한 다음 할 일이 없어 매우 심심하실 것이다. 그분의 커다란 낙은 우리에게 맡겨진 그 소명의 퍼즐을 우리가 잘 풀어가는지 지켜보는 일이다.

*

감사한 마음으로 정성을 다해 이 일도 해보고 저 일도 해보다 보면, 이윽고 어떤 일과 자신 사이에 참을 수 없는 떨림이 생겨난다. 마음속에서 '이 일이 내 일'이라는 외침이 터져 나오게 되는 것이다. 그때가 바로 천직을 찾은 날이다. 마침내 '나'라는 퍼즐이 풀려나가기 시작한 순간이다.

그 길로 곧장 질주하라. 인생이 더없이 빛날 것이다.

*

경기에서나 경영에서나 승리는 게임 자체의 몰입을 통해 얻어진다. 선수가 점수에 연연하면 그 경기는 풀리지 않는다. 좋은 성과를 기대하기 어렵다. 이것은 결과가 목적일 수 없다는 것을 의미한다. 삶의 목적은 좋은 삶 자체이고, 경기의 목적은 좋은 경기 그 자체다. 경기 동안의 몰입과 정열이 중요하다. 위대한 무용수 (바슬라프) 나진스키는 자신이 가장 행복한 순간은

'춤추는 사람은 사라지고 춤만 남을 때'라고 말한다. 인류에게 기억되는 좋은 경기도 바로 이런 몰입을 통해 만들어진다. 경영도 그렇다. 모든 인간적 활동은 다 그렇다. 우리는 결과와 연계된 과정의 몰입을 통해 일류가 될 수 있다.

*

　나의 목적은 나의 기질과 재능을 가지고 나만이 할 수 있는 틈새 영역을 만들어내는 것이야. 나의 강점을 세상 속에 알림으로써 유일한 전문영역을 개척해내고 싶어. 유일하면 곧 최고가 되는 것이지. 나의 브랜드를 만들어내는 것이 중요해. '어떤 영역' 하면 사람들의 머릿속에 곧바로 내 이름이 떠오른다면 나는 나 자신의 개인 브랜드를 가지게 되는 셈이지. 나의 질문은 이것이야. "너는 무엇으로 유명해지고 싶니?"

　여러 가지 가능성 중에서 자신을 하나의 구체적 영역으로 규정하기란 결코 쉬운 일이 아니야. 자신을 너무 좁게 규정하면 시장이 좁아서 위험해. 그렇다고 너무 넓게 규정하면 전문성이 떨어지는 약점이 생겨나지. 그래서 넓고 깊게 스스로를 규정하는 것이 아주 중요하단 말이야.

＊

지금 이 사회를 움직이는 '개인과 경쟁'이라는 개념이 우리에게 의미 있는 생활을 동시에 가져다주기 위해서는, 다양성이라는 개념이 부자가 되고 싶은 치열한 개인적 욕망을 중화시켜 주어야 한다고 생각해요. 다시 말해, 우리는 남들보다 뛰어나려고 노력하는 것이 아니라 남들과 다르게 되려고 노력해야 한다는 말이죠. 이긴 사람이 모든 것을 가져가는 카지노 게임이 아니라 모든 사람이 승자가 되는 방식의 존경이 필요하다는 뜻이죠. 이것은 일상을 살아가는 가치 체계와 생활 스타일의 다양성을 서로 인정하고 존중해준다는 것을 의미하고요. 남들과 다르게 된다는 것은 자신을 찾아가는 것이죠. 그러니까 가장 자기다운 사람으로 산다는 것을 말하는 거죠. 이런 사람들은 자신의 내부에서 가장 위대한 것, 즉 자신의 가능성을 찾아내지 않으면 안 돼요. 자신에게 속해있는 잠재력을 발견하고 계발하여 그 주인이 되는 것처럼 위대한 일은 없는 것 같아요. 위대한 길은 쉽게 끝이 나지 않잖아요. 이 길은 아주 길고 먼 여정인 것 같아요.

＊

나는 이미 성공의 비법을 알고 있다. 그러나 배우고 익히는 것은 모두 당사자의 몫이다. 내가 신으로부터 받은 쪽지, 그리고 연습하고 훈련하면서 내 언어로 고쳐 쓴 쪽지에는 성공에 대해 이렇게 쓰여 있다.

"유일한 사람이 되어라. 이것은 최고가 된다는 뜻이다. 유일한 자만이 최고로서 칭송받을 자격이 있다. 왜냐하면 인생을 모두 바쳐야 하기 때문이다. 그것밖에 할 수 없는 사람들만이 성공할 수 있다. 이것저것 다 잘하는 매력적인 사람들도 있다. 그러나 평범한 사람들의 성공은 늘 한 길로 간 사람들의 것이다. 적어도 나는 한 길로 가기에도 숨이 차다. 다른 것들을 넘볼 시간도 여유도 없다. 나는 그저 내 일만 해도 저녁에 이미 탈진한다."

*

나는 자기가 생긴 대로 사는 것이 성공이라는 것을 알게 되었습니다. 세상을 만들어가며 사는 것, 이것이 모든 비범함의 특성이라는 사실을 이해하게 되었습니다. 자기 자신이 된다는 것, 인류의 아주 특별한 한 사람으로 남는다는 것이야말로 범상치 않은 일이잖습니까?

나는 내가 하는 일에 내 이름을 겁니다. 그것이 무엇보다 중요하다는 것을 알게 되었습니다. 나는 '변화'가 필요한 사람이 가장 먼저 기억하는 사람 중의 하나가 되었습니다. 나는 나 자신의 브랜드를 만들어낸 깃입니다. 나는 직장에 다닐 때보다 더 많은 명예와 부를 가지게 되었습니다.

젊음의 본질은 배움이다

우리는 언제 젊어지는가. 배움을 시작할 때다. 나이가 몇 살이든 배움을 시작할 때 우리는 더듬거리고, 뒤뚱거리고, 두려워하고, 떤다. 바로 이것이 젊음이다. 이때 우리는 어려지고 젊어지고 그리고 영원히 늙지 않는다. 한때 "나이는 숫자에 불과하다"라는 말이 크게 유행했다. 역설적이게도 그 말은 나이는 숫자에 불과하지 않다고 역설하는 것 같았다. 내게 나이 듦이란 익숙한 삶에 안주하는 것을 의미한다. 현실에 주저앉아 배움이 없는 삶이라면 젊음이 아닌 것이다.

그런데 그런 기준으로 보면 나이는 젊은데 삶은 그렇지 못한 사람들이 점점 많아지는 것 같다. 배움이 필요 없는, 너무 뻔한 길로만 가려는 청춘들이 많아진 것이다. 오히려 도전 정신을 잃지 않고 인생 이모작, 삼모작에 나서는 중년이나 노년들에게서 젊음이 느껴진다.

무엇이 젊은 것인가? 자아를 재발견하는 것이다. 늘 새로운 모험으로 자신을 내모는 사람들, 그들이 젊은 것이다. 왜냐하면 그것이 젊음의 본질이기 때문이다.

나는 배움이란, 그 너머에 있는 다른 차원의 무엇인가를 제대로 볼 수 있는 능력을 습득하는 것이라고 생각한다. 배우고 또한 익히다가 결국 자신을 그 바람결에 실을 수 있는 사람들만이 하늘을 날 수 있다.

학습은 어느 순간 이질적인 삶을 받아들일 수 있도록 마음을 열게 되는 것을 말하는 것 같다. 배움은 학문을 말하는 것이 아니다. 철학이든 음악이든 문학이든 역사든 또는 과학이든, 배움은 알지 못하고 받아들이지 못하던 것을 알게 되고 가슴에 안는 것이다. 낯선 소리, 낯선 얼굴, 낯선 삶을 수용할 수 있는 능력이 곧 학습의 즐거움이다. 나는 모든 배움을 삶의 관점에서 보려고 한다. 삶이 아니면 음악이 아니고 소설이 아니고 철학이 아니고 경영도 아니고 이윽고 삶도 아니다. 누구의 이야기가 되었든, '우리가 결국 한 작품 속에서 이해하고 사랑하는 것은 한 인간의 삶이며, 그것이 바로 우리 자신의 가능성'이라는 에리히 아우어바흐의 지적은 그래서 인상적이다.

*

많이 읽어라. 젊은 사람들은 특히 많이 읽어야 한다. 일 년에 100권 정도 읽으면 아주 많이 읽는 것이다. 이런 사람은 독서

광이다. 50권 정도 읽으면 일주일에 한 권을 읽는 것이니 꽤 많이 읽는 편이다. 24권 정도 읽으면 2주일에 한 권을 읽는 것이니 적당하다. 보통 사람도 그 정도는 읽을 수 있다. 12권을 읽으면 적게 읽는 편이고, 그보다 더 적게 읽는 사람이 있다면 배우는 데 게으른 사람이다. 이런 사람들에게서는 얻을 것이 없다.

책의 전체를 처음부터 다 읽을 의무는 없다. 책은 사람과 같다. 좋은 책은 어느 페이지를 펼치든 매력이 있다. 책을 많이 읽다 보면 좋은 책과 그렇지 않은 책을 구별할 수 있다. 좋은 책을 구별해내는 것은 일종의 지혜다. 잘못 고른 책에 시간을 쓰지 않는 것이 좋다. 그러니 끝까지 다 봐야 할 이유가 없다. 그냥 덮어두었다가 기회가 되면 두어 페이지 다시 훑어보고 그래도 마음을 휘감지 못하면 버려라. 쓰레기는 공간을 차지한다. 마음의 공간을 비우지 못하면 좋은 것이 들어와 머물 수 없다. 그러므로 쓰레기는 버리는 것이 좋다.

*

학습의 문화 속으로 자신을 데리고 들어가는 것은 좋은 전문가의 필수적인 수련 과정이다. 학습은 종종 차가운 얼굴을 하고 있다. 냉정하고 감정이 배제될 때 잘 배우는 영역이 있다. 목욕탕의 냉탕과 같다. 그러나 학습의 또 하나의 얼굴은 뜨겁다. 혼이라든가 열정, 몰입, 감성, 직관 같은 단어들이 중요한 개념이 되기도 한다. 학습은 뜨거운 무엇이고, 사람의 감정을 다루는 것이며, 인문학적인 감수성을 건드려야 하는 것이다. 목욕탕의 온탕이나 열탕과 같다.

*

책을 읽다 좋은 글을 보면 가슴이 뜁니다. 좋은 글이란 벌써 내가 알고 있는 것입니다. 그것은 내 마음속에 벌써 들어와 있지만 미처 내가 인식하지 못한 것입니다. 보는 순간 알아볼 수 있을 만큼 이미 낯익은 것이기 때문에 만나면 그렇게 반가운 것입니다. 말할 수 없는 것을 말해내는 작가의 재주에 경탄하지만 우리를 정말 기쁘게 하는 것은 우리의 생각이 표현을 얻었기 때문입니다.

살며 느끼고 이해한 것만큼만 우리는 알아낼 수 있습니다. 독서의 깊이는 삶의 깊이와 같습니다.

*

마흔이 될 때까지 가지고 있는 모든 돈과 시간을 털어 자신에게 투자하라. 마흔이 넘어 믿을 수 있는 것은 자기뿐이다. 돈을 남기려고 하지 말고 자신을 남기도록 하라.

지금을 활용하라. 지금 현장에서 겪고 있는 일들은 관찰하고 기록하고 정리하라. 이것이 배움이다. 일에 마음을 쏟지 않으면 20년을 해도 일의 핵심을 파악하기 어렵다. 배움은 여러 가지를 연결하는 연습이고, 이윽고 현실과 꿈을 연결하는 자신의 방식을 익혀 가는 것이다.

*

자신에 대한 투자는 미래 인생의 깊이를 결정한다. 결정하기에 따라 행복하고 보람 있는 인생을 살 수도 있고, 쫓기고 쫓겨 막다른 골목으로 몰릴 수도 있다. 현실밖에 없는 인생은 병자의 삶이다. 오늘을 넘기고 오늘을 사는 것만이 중요해질 때 우리는 미래를 계획할 수 없다. 우리가 진심으로 바란 그곳, 몸도 마음도 정신도 참으로 가있고 싶어하던 그곳에 다다를 수 없다면, 우리는 자신의 인생에 대해 책임을 다하지 못한 것이다.

*

먼저 '작은 승리'를 만들어내야 한다. 의욕이 떨어지고 무기력하고 대충 얼버무리고 우유부단한 경우에는 가장 먼저 '작은 승리'를 자신에게 선사할 수 있어야 한다. '작은 승리'라는 것은 '삼 개월간 하루도 거르지 않고 학원에 나가 제빵 기술을 익히고 수료증을 받았다' 같은 것일 수도 있고, '음식점을 차리는 데

필요한 정보를 얻기 위해 창업에 관련된 책을 열 권 정독했다'
같은 것일 수도 있다. '작은 승리'를 만들어내는 것은 작은 결심
과 작은 노력에 의해 얼마든지 가능하다. 자신이 무언가를 해
낼 수 있다는 자신감을 회복하게 되면, 자신의 내부에서 자신만
이 갖고 있는 엄청난 에너지를 찾아낼 수 있다. 이 에너지는 자
신의 약점을 극복하고 강점을 활용할 수 있는 의욕과 욕망을 만
들어낸다. '원하는 분야에서 혼신의 힘을 다하는 것'이 매력적
으로 보이게 되면 자신이 무엇을 어떻게 해야 하는지 깨닫게 된
다. 인생에는 스스로 체득한 진실만큼 값진 것이 없다.

*

체득하여 실천하라. 약을 조제하는 것은 병을 치료하기 위해
서다. 약을 보기만 해서는 효험을 얻을 수 없다. 책도 그렇다. 글
을 보기만 해서는 안 된다. 이해한 것을 몸으로 체득한다면 이
해하기도 쉽고 실천하기도 쉽다. 그림을 그리는 것과 같다. 화
공은 자신이 그린 사람을 알고 있다. 다른 사람은 그림 속의 실
재 인물을 모르기 때문에 그림에 의지할 수밖에 없다. 그러나
그림이 곧 그 사람일 수는 없다. 이해한다는 것과 체득한다는
것은 이렇게 다르다. 사물에 따라 사물을 보라. 자기를 통해 사
물을 보지 말라.

＊

　자신의 철학을 만들어라. 철학이 없으면 앞으로 나타나는 숱한 갈림길을 골라 갈 수 없다. 철학이란 세상과 나에 대한 '나의 생각'이다. 이해利害를 따르지 말고 자신의 철학이 길을 밝히는 등불이 되도록 해라.

　자신이 어떤 사람인지 알아내라. 무슨 일을 하든 자신에게 맞는 방식을 찾아내는 사람만이 차별적 가치를 만들어낼 수 있다. 자신만의 유일함을 가지지 못하면 대중 속에 묻히고 만다. 지금은 별들의 시대다. 자신을 재료로 신화를 만들어내야 하는 작은 영웅들의 시대다. 소시민의 울타리에 갇히지 마라.

　스스로에게 투자해라. 가장 안전한 방법이다. 투자할 수 있는 종잣돈은 시간이다. 아침이든 저녁이든 하루의 어디서건 시간을 내어 실험하고 모색하고 학습해야 한다. 나이 들어 초라해지는 사람도 있는 반면 더 지혜로워지고 빛나는 사람도 있다. 시간이 우리의 밝기를 결정한다.

＊

　경험과 지식을 새롭게 연결하라. 창의력이란 새로운 것을 생각해내는 것이 아니다. 하늘 아래 새로운 것은 없다. 자연은 이미 모든 상상력의 원천이다. 창의력은 언뜻 봐서는 연결되지 않는 것들을 결합시키는 능력이다. 이것은 논리의 일반성을 파괴하는 것이며, 상식의 궤멸 속에서 새로운 탄생을 이끌어내는 것이다.

*

미래는 지도에 그려져 있지 않은 세계다. 그저 내적으로 감응하는 나침반 하나 달랑 들고 떠난다. 이때는 내 발자국이 곧 지도다. 완성될 수 없는 지도, 때때로 잘못된 지도, 방황과 위험이 도처에 숨어있는 지도가 만들어진다. 그리고 그것이 곧 내가 살아온 인생이라는 것을 알게 된다.

이것을 지적 탐험이라고 부를 수 있는지 잘 모르겠다. 이성의 뒤에 숨어 잘 보이지는 않지만, 그보다 더 강하게 나를 나아가게 하고, 어떤 감정이 나를 휩싸기도 한다. 그리고 그동안 보이지 않던 것들을 보게 해준다. 학습은 온몸으로 이루어진다.

*

긴 이야기가 필요 없다. 꿈을 꾸기 시작하면 도중에 그만두지 마라. 다시 사거리로 되돌아오지 마라. 끝까지 가라. 끝에서 길들은 서로 만나게 되고, 그 길은 우리를 우리가 바라는 곳으로 인도한다. 그 길이 우리를 부를 때 힘을 내어 끝까지 가자. 그 길

끝에 우리가 바라던 인생의 아름다움이 기다리고 있을 것이다.

*

　세상의 생각 대신 자신의 생각을 가진다는 것은 위험한 일이다. 그것은 고독이라는 대가를 치러야 한다. 외로움이란 바로 자신의 생각에 빠져들고 세상에 이미 알려진 상식적 삶에 질문을 퍼붓는 것이기 때문이다. 자신의 생각은 고독을 만들고, 고독은 철학을 가짐으로써 위대한 생각으로 나아간다. 사람들은 늘 투덜거린다. 철학자가 쓴 책처럼 어이없는 것은 없고, 쓸데없는 기우로 가득하고, 만족을 모르는 생각은 극단까지 가려 하고, 무지처럼 모호하다고 말이다. 그래서 과학은 늘 전진하는 것처럼 보이고, 철학은 언제나 쇠퇴하는 것처럼 보인다고 말이다.

　그러나 그것은 철학의 탓이 아니다. 철학은 여전히 과학으로 대답할 수 없는 것들, 즉 질서와 자유, 선과 악, 삶과 죽음, 사랑과 미움 같은 것들을 잔뜩 껴안고 '숭고한 불만과 불확실한 미지의 세계에서 발을 빼지 않기' 때문이다. 그것은 인생의 의미를 찾아 일상의 필요와 성공으로부터 무수히 얻어터지지만 굴복하지 않는 정신으로 빛난다. 그리하여 나는 다시 알게 된다. 철학에서 멀어지면 삶은 먹고 과시하는 저잣거리의 인생으로 전락한다는 것을 말이다. 결국 철학이 없으면 우리는 삶이라는 위대함에서 멀어질 수밖에 없는 것이다.

*

　오늘 아무것도 하지 않으면서 무작정 미래에서 성공을 빌려오지 마라. 거짓 희망은 우리를 속인다. 판도라의 상자 속에 담겨 있던 모든 불행과 함께 섞여 있던 것이 바로 '희망'이었던 것을 기억하는가! 단지 시간이 지나면 좋아질 것이라고 믿지 마라. 그것은 미래로부터 너무나 많은 것을 차용해 오는 것이다. 그런 사람은 미래가 와도 그 미래 역시 텅 비어있다는 것을 알게 될 것이다. 미래는 이미 와있고, 지금 만들어지기 시작하는 것이다. 오늘에 걸려 넘어진 사람은 반드시 오늘을 딛고 일어서야 한다.

*

　'항상 초보'라는 정신적 각성이 되어있는 사람들은 어제의 자신과 경쟁할 준비가 되어 있는 좋은 학생이다. 불가에서는 초심을 강조하고 어제나 초심으로 돌아갈 수 있는 자세를 높이 산다. '처음처럼', 이것을 발심發心이라 한다. 늘어지고 관성화한 자신을 채찍질하고 처음 출가했을 때의 마음으로 돌아가는 것이다.

*

이 세상에 성공한 사람은 많다. 그러나 철학이 없으면 결코 위대해질 수 없다. 성공했으나 천박한 자는 철학이 없기 때문이다. 평범함을 넘어선 모든 사람은 자신의 생각을 따른 사람들이다. 자신의 생각대로 살아볼 수 있는 제 세상 하나를 가진 자, 그들이 바로 평범함을 넘어 자신을 창조한 인물이다.

*

두 번째 인생은 절대로 바쁘게 보내지 않을 것이다. 첫째, 더 자유로울 것이다. 오직 나만이 나에게 명령할 수 있는 시간이 더 많아지게 할 것이다. 둘째, 더 많이 배울 것이다. 때로는 진지하고 때로는 진지함을 버릴 것이다. 셋째, 배운 것을 통해 기여할 것이다. 주제넘지 말 일이다. 내가 만족한 나의 삶만이 이 땅에서 내가 기여할 수 있는 것이다.

*

자기계발 강령 일곱 가지
1. 자신의 기질과 재능을 찾아내라. 자신이라는 수수께끼와 퍼즐을 풀지 않으면 안 된다. 이 내면적 자산을 활용하지

않고는 특화할 수 없기 때문이다.

2. 노력의 팔 할을 자신의 특성에 집중하라. 자신의 특성 중에서 믿고 의지할 수 있는 가장 뛰어난 특성을 활용하라. 특성 그 자체로 좋고 나쁜 것은 없다. 타고난 기질과 재능은 변하지 않는 것이니 즐기고 활용하라. 신의 선물이다. 그러나 노력의 이 할은 치명적 약점을 보완하는 데 써라. 적어도 그 치명적 약점이 강점을 상쇄하는 일이 없도록 다듬어라.

3. 하루 한두 시간의 해방구를 만들어라. 바쁜 사람은 노예다. 자랑할 일이 아니다. 오늘 가진 내 시간의 일부를 미래를 위해 투자할 때, 그것은 나의 '연구개발R&D비'가 된다. 그러나 오늘 나를 위해 시간을 내지 못하는 사람의 R&D는 0퍼센트다. 미래가 오더라도 나아지는 것 없이 그저 흘러간 시간만큼 늙어 있게 될 것이다.

4. 매일 해야 이룰 수 있다. 시간을 낼 때는 매일 정해진 곳에서 가장 순도 높은 시간을 자신에게 제공해줄 수 있어야 한다. 자신의 라이프 사이클에 가장 잘 맞는 시간대에서 매일 시간을 꺼내 자신을 위해 훈련하라.

5. 독학 없는 배움은 없다. 혼자 공부하는 법을 즐겨야 한다. 《논어》의 첫 줄이 '배우고 때로 익히면 즐겁지 아니한가'인 이유를 잊지 말자.

6. 스승을 구하고 파트너를 찾아라. '벗이 있어 멀리서 찾아오면 즐겁지 아니한가'는 《논어》의 두 번째 구절이다. 벗은 수

평사회의 상징적 의미다. 서로가 서로의 좋은 스승이 되고 좋은 동지가 되고 건강한 경쟁자가 되는 새로운 관계를 체득하라. 같은 길을 걷는 다섯 명의 스승과 동지를 얻어라.

7. 기록하지 않는 것은 사라진다. 하루는 음식과 같다. 먹으면 사라지는 것이 음식이듯이 하루는 한 끼의 식사와 같다. 먹는 순간 음미하고 즐길 줄 알아야 한다. 하루를 얻으면 현재를 얻는 것이다. 기록된 하루는 조금씩 다르지만 기록되지 않는 하루는 모두 같아 구별되지 않는다. 기록하라. 날마다 그 독특한 맛을 찾아 적어두어라. 그것이 개인의 역사다.

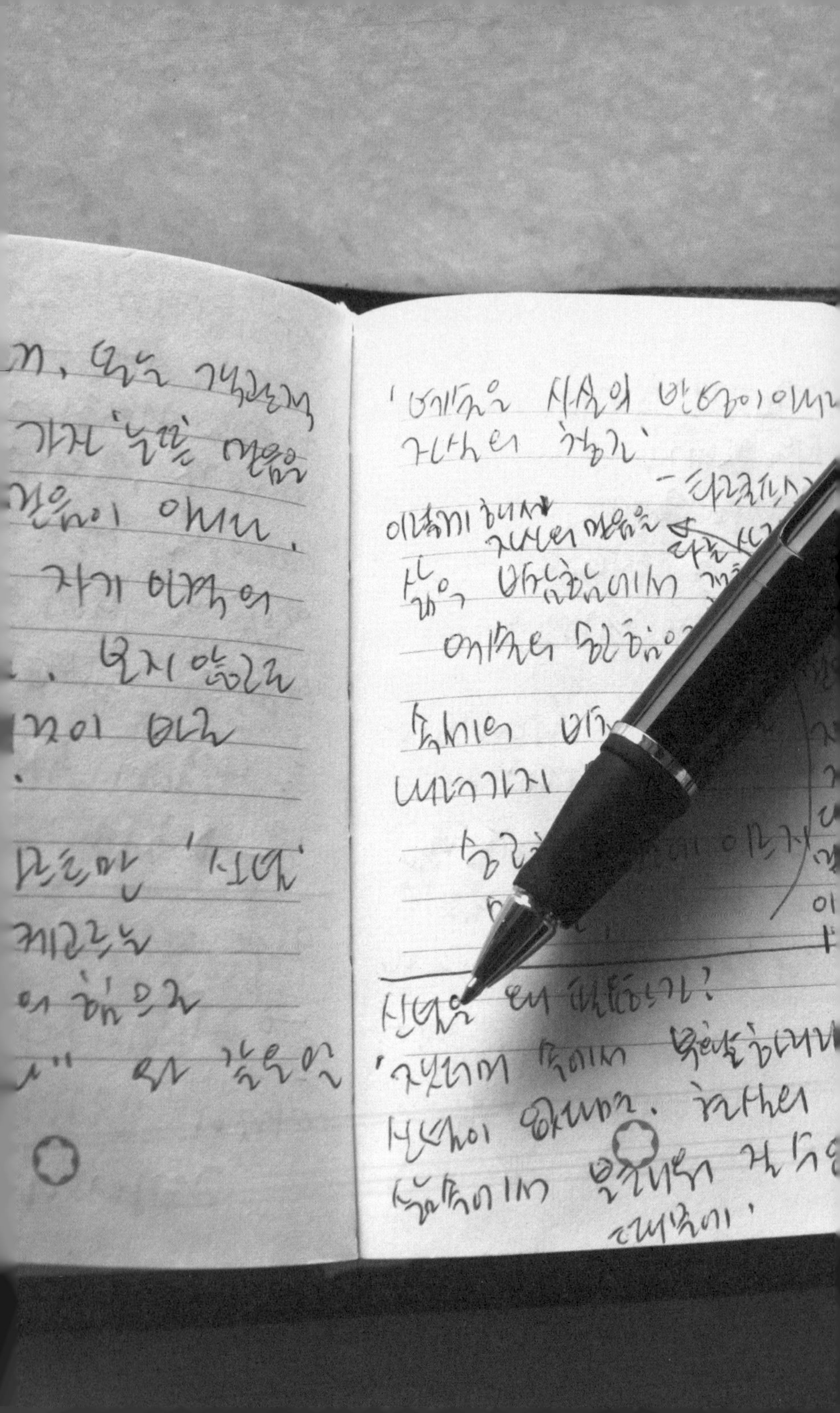

까, 딿은 긛낻뭻
가고 '눈앟 몙앟
껋앟이 아니니.
저가 이쌙의
, 몫지 않것
껋이 없고
.

맓같앟 '�L너앟
제끄껋눈
엇 헒음끄
,'' 앟 끑껋앟

'먼뎽얿 서살의 밯먓이애니
그니니 각헇기'
          — 턁긻긻뇌

이렇게 얿내니 그니냐 많엣앟 읂뤘읂
낳 밯뿭릎애끄 긶
애쌝릐 읂엃엃니

끑세니 밯니
내니가기

신먓읂 넌 얿묻헉기?
'그놏기애 뎽애나 뙀얿앟뇌내
너샳이 얿내니. 그니냐
읂끑뎽애 뭹긺냐 꺥냚
      댏낳채.'

탐험의 시작

변화란 무엇인가? 그것은 살아있다는 것이다. 변화하지 않는 것들
은 죽은 것이다. 일 년 전과 똑같은 생각을 하고 있다면, 당신은 일
년 동안 죽어 있었던 것이다. 만일 어제와 똑같은 생각을 하고 있다
면, 지난 24시간은 당신에게 있어 죽어 있던 시간이다.

스승은 자신을 '우연한 쏘시개 불꽃'이라 했다. 자신의 길을 찾아가는 이들이 어둠 속에서 방향을 잡을 수 없을 때나 어딘가 주저앉아 있을 때, 자신 안에서 스스로 불을 켤 수 있도록 잠시 불을 빌려주는 이가 당신이라 했다. 후에 스승은 스스로를 '부지깽이'라 불렀다. 스승은 제자들의 아궁이 앞에 앉아 불을 살피고 제자들의 불을 더 잘 태울 수 있도록 이리저리 헤치고 끌어내는 이였다.

돌이켜보니 나 역시 길을 잃었다고 느낄 때마다 스승을 찾았다. 첫 직장에서 어찌해야 할지 몰라 고민이 많을 때《낯선 곳에서의 아침》을 펼쳤고, 직장 상사와의 갈등으로 괴로울 때는《구본형의 더 보스: 쿨한 동행》을 읽었다. 마침내 인생의 최고 암흑기에 들어섰을 때는 용기를 내어 그를 찾아갔다. 철쭉이 흐드러지게 피었던 어느 날, 스승을 처음 만났고 회사를 그만둔 후에는 그의 제자가 되었다.

나는 스승처럼 살고 싶었다. 가볍고 자유롭게 일을 놀이처럼, 삶을 축제처럼 즐기며 살고 싶었다. 하지만 연구원 과정을 마친 그해, 다시 조직으로 돌아갔다. 당시 내공으로는 무림의 고수들과 실력을 겨루기는 역부족이라 판단했기 때문이다. 얼마간의 시간이 흐른 후, 나는 스승처럼 마흔세 살에 새로운 삶을 시작했다. 지금은 1인 기업가로 살면서 조직과 개인의 성장을 돕는 일을 하고 있다. 1인 기업가의 삶은 생각보다 녹록하지 않았다. 자유롭지만 고독하고 가볍지만 불안했다. 하지만 혼란과 갈등

의 순간을 만나면 '스승이라면 어떻게 했을까?' 깊이 생각하고
방향을 잡았다.

눈앞에 짙은 안개가 낀 듯, 한 치 앞을 내다볼 수 없는가? 아
무리 눈을 크게 뜨고 찾아도 닮고 싶은 이가 없는가? 인생의 가
장 어두운 시간을 보내고 있는가? 그렇다면 스승, 구본형에게
구하라. 우연한 쏘시개 불꽃으로 나타나 부지깽이가 되어줄 것
이다. 간절히 구하고 찾으면 당신의 인생에 불을 밝혀줄 무엇인
가를 발견하게 될 것이다. 그러니 주저앉지 말고 기운 내라. 다
시 일어나 걸어라.

유재경
변화경영연구소 7기 연구원

죽지 않고 새로워지는 것은 없다

나는 사는 듯싶게 살고 싶었다. 모든 것을 다 바칠 만한 것을 찾고 싶었다. 관성에 따라 굴러가는 하루 말고, 전혀 새로운 뜨거운 하루를 가지고 싶었다.

이유도 없는 우연한 흐름이 곧잘 필연적으로 운명으로 이어지곤 했다. 이제 나의 20년 과거는 죽었다. 나는 그 과거를 차디찬 물속에 버리고 그 과거가 흘러가는 것을 지켜보았다. 어제의 나는 꽃처럼 낙엽처럼 죽어 흘러가고 사라졌다. 나무들은 가장 추울 때 그렇게 서있다. 죽지 않고 새로워지는 것은 없다. 죽지 않으려 하기 때문에 새로워질 수 없는 것이다.

*

나는 인생이란 답이 있는 것이라고 생각했다. '훌륭한 인생은 정의될 수 있다'는 가정이 나에 대한 탐험을 시작할 때의 마음가짐이었다. 따라서 무엇이 되고 무엇을 할 수 있는가가 최대의 관심사였다. 인생은 이루는 것이라고 생각했다. 그리고 성공하고 싶었다. 내가 계획한 어딘가에 반드시 도착하고 싶었다. 도착하는 것이 곧 성공이었다. 아마 그럴 것이다.

그러나 나는 그곳에 도착하지 않아도 성공할 수 있다는 것을 알게 되었다. 여정 자체로 훌륭한 여행이 될 수 있다는 것을 알게 되었다. 길 위에서 끝나는 여행도 위대한 여행이 될 수 있다는 것을 깨달았다. 이것이 십 년 동안 내 길을 가려는 노력의 결과로 알게 된 평범한 깨달음이었다. 길 위에서 죽는 여행자처럼 완벽한 여행자가 어디 있겠는가!

*

나는 나답게 살고 싶었다. 그래서 나다운 것에 천착하고 매달렸다. 니체가 말한 '거리에 대한 파토스'를 추구했다. 이것은 차이에 대한 열정이었다. 차이는 다름이다. 그것은 다른 것, 다른 사람의 것을 자신의 것과 구별 짓는 다름에 대한 열정이다. 자신을 다른 사람과 더 다르게 만들려는 열정이다. 더 많은 차이를 만들기 위해 차이를 끊임없이 생산하기 위해 노력한다. 이것은 다른 사람과의 관계에서만 나타나는 것이 아니라 자신과의 관계에서도 나타난다. '오늘의 나'는 '어제의 나'와 달라야 한다. 자기경영의 근간이 되는 것은 실천의 철학이다. 바로 자신의 과거와 경쟁하는 사람이 되는 것이다.

*

변화란 무엇인가? 그것은 살아있다는 것이다. 모든 살아있는 것들은 변화한다. 변화하지 않는 것들은 죽은 것이다. 일 년 전과 똑같은 생각을 하고 있다면, 당신은 일 년 동안 죽어 있었던 것이다. 만일 어제와 똑같은 생각을 하고 있다면, 지난 24시간은 당신에게 있어 죽어 있던 시간이다.

*

우리가 왜 변화해야 하느냐고? 그것이 삶이기 때문이다. 작은 세포가 아이가 되고 젊은이가 되고 장년이 되고 노인이 되고, 그리고 죽는 것이 삶이다. 순수한 아이의 생각이 야망으로 가득한 젊은이의 생각이 되고, 이내 세상의 한계에 지쳐버린 장년이 되고, 노회한 노인이 되고, 이윽고 사라지는 것이 인생이다. 변화 자체가 우리의 일상이고 삶이다. 생명이 주어진 순간 삶은 시작되고, 삶이 주어진 순간 죽음의 시계도 카운트되기 시작한다. 왜 살아야 하는가? 삶이 주어졌기 때문이다. 왜 변화해야 하는가? 아직 살아있기 때문이다.

왜 변해야 하느냐고? 흐르는 강물에게 물어보라. 왜 변해야 하느냐고? 하늘의 구름에게 물어보라. 왜 변해야 하느냐고? 바다의 물결에게 물어보라. 그것이 존재의 양식이기 때문이다.

*

　당신이 스스로의 변화에 대하여 관대한 이유는 자신과 싸우고 싶지 않기 때문이다. 적당한 휴전과 휴식에 만족하기 때문이다. 만일 당신에게 지금 이 자리에 그대로 서있을 만한 여유가 없을 때 당신은 초조해질 것이다. 그때가 기회다. 당신도 그 싸움에 스스로 이름을 붙일 수 있어야 한다. 그 싸움을 '생존과의 전쟁'이라고 부를 수 있을 때 당신은 스스로 변화할 준비가 비로소 되어있는 것이다. 당신에게 다른 대안이 없을 때 당신에게 가장 성공할 확률이 높다. 변화 전문가들은 그래서 즐겨 '대안을 주지 말고 몰아붙일 것'을 충고한다.

*

　변화는 당신의 적이 아니다. 두려운 것일수록 친구가 되면 힘이 된다. 변화를 이해하고 동지로 삼아라. 강력한 기술력의 충격을 두려워하지 말라. 그것들이 당신의 일을 상당량 대신해줄 것이다. 당신이 가장 하기 싫어하던 단순하고 반복적이며, 사무적인 모든 일을 대신할 것이다. 만일 지금 하고 있는 일이 모두 이런 것들이라면 당신은 매우 빠른 속도로 변화를 모색해야 한다.

＊

　나는 마흔 살이 넘어서야 비로소 나를 바꾸어가는, 그리하여 진정한 내가 되고 싶다는 욕망을 가지게 되었다. 영리하지 못한 사람은 다른 사람이 다 깨달은 후에야 비로소 그 뜻을 안다. 그러나 정말 바보는 알고도 못하는 사람들이다.

＊

　마흔 살은 게임의 후반부나 연극의 2막으로는 설명할 수 없다. 마흔 살은 훨씬 더 중요한 상징성을 가지고 있다. 그것은 막연히 한 번 더 해볼 수 있는 기회가 아니라 완전히 새로운 인생을 의미한다. 똑같은 실력을 가지고 후반전을 뛰어본들 또 한 번의 고배와 비웃음을 자초할 뿐이다. 1막에서 엑스트라였던 사람이 2막에서 돌연 주연으로 바뀌는 연극을 본 적이 있는가? 마흔 살은 아직 끝나지 않은 연극의 지루한 2막이 아니다. 오히려 연극을 끝내고 진짜 현실로 되돌아오는 것이다. 파괴와 창조, 죽음과 재생이라는 이미지와 직결되며, 죽어야 살 수 있다. 이 치열한 반전을 사람들은 일부러 잊으려고 하는가?

*

    마흔 살은 가진 것을 다 걸어서 전환에 성공해야 한다. 이것이 내 지론이다. 다만 내가 거는 것은 돈이 아니다. 나는 나의 모든 것을, 나 자신을 건다. 나는 이 길을 택했다. 내가 도박사이기 때문이 아니라 이 길밖에는 방법이 없었기 때문이다. 마흔이 익어가면서 나는 완전히 다른 인생을 계획했다. 나는 비장했다. 나의 40대는 죽음과 친근해진 십 년이었다.

    죽어야 할 자리는 늘 혁명이 있어야 한다. 분명한 것은 바로 이 자리가 내가 죽어야 하는 자리라는 점이었다. 한 세상이 어둠에 싸이게 될 때 또 하나의 새로운 세상은 어둠 속에서 새로운 빛으로 태어난다.

*

    이제 성공에서 배울 것은 없다고 믿어라. 미래는 늘 새롭게 쓰이는 것이다. 새로움이 미래의 특성이다. 미래를 선점하는 기회는 새로운 길을 만들려는 사람의 차지가 될 수밖에 없다. 과거의 성공을 묻어라. 그래야 미래로 가는 길을 새롭게 만들어갈 수 있다.

*

과거를 죽이지 않으면 새로운 현실은 없다. 잃어버리면 얻을 것이다. 장님이 되어라, 그러면 보일 것이다. 집을 떠나라, 그러면 집에 도착할 것이다. 한 마디로 말해서 죽어라, 그러면 살게 되리라.

나를 잃음으로써 나를 되찾는 것은 모든 지혜의 공통된 메시지다. 개인의 혁명은 자신의 껍데기를 죽임으로써 가장 자기다워질 것을 목표로 한다. 자기가 아닌 모든 것을 버림으로써 자기가 새로 태어나는 과정이 바로 변화의 핵심이다. 그러므로 변화는 변화하지 않는 핵심을 발견하려는 열정이며, 그것을 향한 끊임없는 움직임이다.

*

나무는 해마다 새로운 자신을 분만시킨다. 수없이 자신을 탄생시킨다. 사는 법은 죽는 법에 있다. 자라는 방법은 스스로를 죽이고 다시 탄생하는 과정이다. 죽음과 삶을 반복하는 것이다. 이것이 성장이다. 이것이 나이테다. 그 외의 방법은 없다. 늘 자신의 시체를 내다 버릴 수 있어야 한다. 나무는 그 일을 아주 아름답게 해내고 있다.

낙엽은 나무의 지혜다. 혹독한 겨울에 살아남기 위한 창조적 해결책이 바로 버리는 것이다. 죽음을 아름답게 치장하는 것이 나무의 멋이다. 가장 장엄한 문명의 단편이 장례이듯이 낙엽은 죽음조차 아름다운 삶의 과정으로 창조해낸다. 나무는 해마다 한 해의 삶을 기록한다. 한 겹의 나이만큼 줄기에 그 흔적을 남기고 두꺼워지며 키가 더 자라게 된다. 나무는 매년 죽는다. 이 상징적 의식이 나무가 자라는 방법이다.

나도 죽어야 한다. 적어도 일 년에 한 번은 죽어야 한다. 나무가 죽을 때 나도 죽어야 한다. 나에게 낙엽은 내 책이다. 꽃과 나뭇잎, 그리고 열매는 나무의 일 년의 삶이다. 내 책도 내 일 년의 삶의 기록이다. 나뭇잎이 떨어지면 내 일 년도 떨어진다. 그리고 열매를 남기듯 나도 내 책을 남긴다. 책 한 권이 쓰여지면 내 일 년도 지난다. 나무가 다음 해에도 똑같은 나무처럼 보이지만 이 혹독한 죽음과 재생의 의식을 거친 나무는 이미 전해의 그 나무가 아니다. 나도 그렇다. 그렇지 않다면 나는 영원히 죽은 것이다. 살아있으나 이미 죽어버린 정신을 나는 수없이 보아왔다.

*

변화의 핵심은 자신을 바꾸는 것이 아니라 진정한 자신을 찾아가는 여정이라는 점을 놓쳐서는 안 된다. 자신이 누구인지 처음부터 잘 알고 있는 사람은 없다. 자신은 가장 알기 어려운 대상이다. 이것을 알아가는 것이 인생의 과제다. 점점 자기다워지는 것, 이것이 바로 진정한 변화다.

*

사람들이 늘 잊고 있는 것은, 변화는 변화하지 않는 것들과의 균형이라는 점이다. 걸어보면 금방 알게 된다. 한 다리가 움직이기 위해서 다른 한 다리는 땅에 닿아 있어야 한다. 걸어서 다른 곳으로 움직여 간다는 것은 두 다리 사이의 균형을 유지하는 작업이라는 것을 사람들은 늘 잊고 지낸다.

*

변화를 공부하고 싶으면 자연 속으로 들어가봐야 한다. 햇빛은 해가 떠서 질 때까지 한 번도 같은 적이 없다. 같은 두 시의 햇빛도 계절에 따라 그 느낌이 다르다. 물빛 역시 봄엔 초록색이고, 여름엔 파르스름한 녹색이다. 가을엔 푸르며, 겨울엔 검푸르다. 나무에 잎이 나고 지는 것을 보거나 꽃이 피고 지는 것을 보며 변화를 생각하지 못하는 사람은 이미 살아있는 사람이 아니다. 조직이 왜 피어나고 또 왜 갑자기 그 활력을 잃게 되는지를 알고 싶으면 산에 가보라. 봄이 되면 산 전체가 피어난다. 그리고 겨울이면 산 전체가 웅크리고 있나. 왜 그런가? 변화를 이해하기 위해서는 변하지 않는 본질을 이해해야 한다. "본질이 무엇인가" 하는 질문은 인문학적 호기심이다. 변화의 능력과 경영은 인문학적 감수성과 이해 없이는 불가능하다. 인문학이 죽으면 경영학이 살아있을 수 없다. 돈은 사람이 건강할 때 필요한 것이다.

*

작은 산들이 중첩되어 있는 골마다 아침 안개가 피어오르고, 해는 안개 속에 갇혀 있습니다. 신비로워 경탄하게 합니다. 보이던 것을 가리고 보이지 않던 곳을 드러내는 신기한 작업은 계속 펼쳐집니다. 수묵의 농도를 달리하고 빛의 강도가 돌변하면서 다시 반전하고 뒤집히며 상상 속의 절경을 만들어갑니다. 아마 오늘 아침 산은 자신이 얼마나 다양한 모습으로 존재할 수 있는지를 실험하고 있는 듯이 보입니다.

갑자기 나를 실험하고 싶다는 생각이 강하게 나를 밀어붙입니다. 시시각각 변하는 그 안개 속의 산들은 돌연 내면의 목소리들로 변하여 내게 소리칩니다.

"실험하라. 매일 실험하라. 매일 다른 삶을 살아라. 새로워져라. 매일 다른 사람이 돼라."

*

　가치를 만드는 사람만이 언제나 필요한 사람이다. 그러나 가
치의 개념은 언제나 변한다. 변하지 않는 것은 '싫든 좋든 세상
은 변하고 있다'는 사실뿐이다. 변화를 생활의 기본 원리로 받
아들이는 것은 그러므로 매우 중요한 깨달음이다. 아울러 그 변
화의 방향을 알고, 자신의 욕망과 그것을 연결시킬 수 있다는
것은 바로 기회를 만들어가는 것이다.

*

　나를 깨우는 일에 능숙해지면 다른 사람들이 깨어나는 것을
도울 수 있다. 자기를 깨우고 난 후에야 다른 사람을 도울 수 있
다. 수신修身이 이윽고 가정과 공동체로 스스로를 확장하게 된다.

*

　변화가 요구되는데 변신에 성공하지 못하면 멸종된다. 반면
변신에 성공하면 영웅이 된다. 영웅이란 스스로의 힘으로 자기
극복의 기술을 습득한 자들이며, 새로운 삶으로 탄생하는 데 성
공한 인물들이다. 이 구도가 바로 신화의 기본적 틀이다. 제우
스에 의해 정복된 여인은 신과 한 몸이 되어 아이를 낳게 된다.

생명체가 가지고 있는 가장 위대한 힘은 다시 생명체를 만들어 낼 수 있는 창조성에 있다. 이렇게 해서 신과 인간의 여인 사이에서 태어난 아이는 반인반신伴人半神이다. 새로운 종種이 만들어진 것이다. 그러나 그것으로 끝이 아니다. 시작일 뿐이다. 이 새로운 반인반신은 모험을 떠남으로써 자신을 수련한다. 그리고 같은 고생과 고난을 통해 영웅이 되어 귀향하게 된다.

결국 영웅이란 주어진 변화에 창조적으로 변신하는 데 성공한 인물들이다. 그러므로 누구나 영웅이 될 수 있다. '누구나 영웅이 될 수 있다.' 나는 언제나 이 대목에서 가슴이 뛴다. 평범한 내 속에 위대함이 씨앗처럼 들어있다는 것. 언젠가 그것이 발아할 것이라는 희망. 나는 이 창조적 변신을 믿기 때문이다.

*

살갗에 닿는 미풍이 매끄럽기 그지없습니다. 이미 가을의 서늘함이 녹아 있습니다. 숨이 헉하고 막히는 그 더운 여름이 아직도 낮에는 맹위를 떨치는데, 여름은 이렇게 아침과 저녁부터 시들기 시작하는군요. 아니면 가을은 이렇게 아침과 저녁부터, 초승달의 양쪽 칼끝 같은 부분에서부터 시작되는군요. 아, 그리고 보니 이것이 변화의 법칙이기도 해요. 아침과 저녁의 자유, 낮 동안의 직장생활… 모든 직장인의 하루는 아침과 저녁의 그 자유 시간에 의해 바뀌게 되고, 이것이 낮을 바꾸고, 이윽고 하루가 재편되고, 그리하여 아주 새로운 하루를 맞이하게 되거든요.

변화란 하루를 바꾸지 못하면 절대로 이루어질 수 없는 것이
거든요. 여름이 가을로 넘어가듯, 하루는 이렇게 어제에서 오늘
로, 오늘에서 내일로 바뀌어갑니다.

*

우리는 어느 때 빵만으로는 살 수 없다는 것을 뼈저리게 느
낀다. 우리는 '모험, 다양성, 새로움 그리고 로맨스'를 필요로 한
다. 산다는 것은 자신에 관한 책 한 권을 쓰는 것과 같다. 지루함
밖에 없는 이야기책은 스스로도 보지 않는다. 위대해지기를 바
라지는 않는다. 60억 인구의 하나면 족하다. 그러나 유일한 삶
이기를 바란다.

진정한 전문가의 조건

직장인의 필살기, 나는 날이 서있는 이 단어가 좋다. 여기에는 밥과 직결된 절박한 무엇이 있다. 세끼의 밥을 먹고도 하루를 그저 낭비한다면 직무유기다. 만일 인생을 그렇게 낭비해버렸다면 용서받지 못할 유죄를 저지르고 있는 것이다. 우주적 존재로서 받은 재능들을 다 활용하여 맡겨진 역할을 해내는 것, 결코 적당히 살지 않는 것, 나는 이것이 제대로 밥값을 하는 것이라 생각한다.

*

밥이 무엇이라고 생각하는가? 그래, 매일 먹는 그 '밥' 말이다. 꼭 기억하라. 밥맛을 모르면 사는 맛의 반을 모르고 사는 것이다. 인류는 밥벌이를 위해 참으로 많은 시간을 써왔다. 그러므로 밥이 무엇인지를 잘 정의하면 인생의 반 이상이 정리된다.

삶은 죽음을 먹는 것이다. 삶은 하루하루 죽음을 먹는 것이기 때문에 지루할 수 없고, 빚지지 않은 것이 없고, 치열하지 않을 수 없다. 내가 좋아하는 신화학자 조지프 캠벨은 '삶은 죽어서 먹음으로써 남을 죽이고, 자신을 달처럼 거듭나게 함으로써 살아지는 것'이라고 말한다. 이 할배의 통찰이 대단하지 않은가?

살기 위해 살아있는 것을 죽여 먹는 것이 바로 밥이니, 밥벌이가 치열할 수밖에 없다. 죽음을 먹고 삶이 이어지는 것이니 대충 살 수는 없다. 그래서 힘껏 살 수밖에 없는 것이다.

*

생명은 생명을 먹고 산다. 삶은 다른 것을 죽여 먹어야 살 수 있다. 그러므로 살아있다는 것 자체가 생명에 대한 폭력일 수밖에 없다. 이 고뇌를 단박에 끊어버린 인물이 바로 키르티무카(영광의 얼굴)인 것이다.

매일 세끼 식사를 통해 우리는 이 삶의 의식을 치른다. 육체를 가진 우리는 밥을 떠날 수 없고, 밥 속에는 그렇게 많은 눈물이 들어있다. 다른 것들의 죽음으로 공양된 우리, 우리의 삶을 위해 죽어준 것들의 희생에 책임을 져야 하기에 오늘의 삶은 소중하다. 막 살 수 없다. 살아있다는 것이 곧 삶의 기적이라는 것을 깨닫게 되었을 때, 삶이 고단하다 해서 삶에 불평할 수 없다는 것을 알게 된다. 키르티무카, 다른 것을 먹을 수 없어서 자신을 뜯어먹어야 했던 아귀, 스스로를 죽임으로써 자아라는 허상에서 벗어날 수 있었던 괴물, 그를 통하지 않고는 각성도 대오도 부처도 없다는 괴물.

*

    진정한 전문가로 받아들여지려면 그 전문성을 적절하게 표현할 수 있는 능력을 배양하는 것이 필수적이다. 다음을 명심하라. 첫째, 비전문가인 당신의 아내라도 알아들을 수 있도록 간단명료하게 말할 수 있어야 한다. 전문가는 해당 분야의 핵심을 놓치지 않는다. 핵심은 늘 간단하고 명쾌하다. 둘째, 중학교에 다니는 당신의 아이라도 이해할 수 있는 평범한 일상의 언어를 사용하라. 잘 모르는 사람들만이 전문용어의 뒤로 숨고 싶어 한다. 셋째, 고객이 지금 안고 있는 문제를 해결할 수 있도록 구체적이고 실용적인 대안을 제시할 수 있어야 한다. 그러나 철학을 잊어서는 안 된다. 지나치게 일반론으로 흐르면 현장 실무 경험이 없음을 증명할 뿐이다.

*

    경영 컨설팅 같은 지식산업은 사기와 진실의 경계를 걷는 것이다. 끝없이 학습하는 사람은 좋은 조언을 해줄 수 있다. 그러나 계속 공부하지 않는 사람은 모든 사기꾼처럼 '달변의 사기꾼'으로 전락한다. 나는 내가 '경계선을 걷는 사람'이라는 것을 알고 있었다. 배움을 멈춘 사람들이 가지고 있는 학위와 자격증은 과거의 영광의 흔적일 뿐이다. 미래를 평가의 잣대로 삼는 사람은 많지 않다. 확실성이 부족하기 때문이다. 그러나 과거로 사람을 평가하는 것은 그물로 된 항아리 속에 물을 담으려는 발상이다. 반대로 미래를 가지고 평가하는 것은 바닷물 속에서 식수를 찾는 것과 같다. 온통 가능성의 물로 채워져 있지만, 아직 한 컵의 마실 물도 되지 못한다. 내가 믿는 것은 끊임없이 배우고 실험하는 사람뿐이다. 무엇을 하든 끊임없이 '배우고 익히는' 사람들만이 전문가로 존경받을 자격이 있다.

*

독학하라. 직원들은 종종 조직이 배움의 기회에 인색하다는 말을 많이 하곤 한다. 더 많은 교육, 더 많은 강좌, 더 많은 지원을 원한다. 무리한 요구는 아니다. 그러나 정말 중요한 것은 독학이다. 자신을 위해 스스로 시간을 내어 기록하고 공부하고 연구하는 것보다 훌륭한 인재를 만들어내는 것은 없다. 다수를 위한 교육은 평범한 행정가를 위한 것이다. 그러나 독학은 차별적 전문가를 만들어낸다.

*

실천은 곧 매일 일정한 시간을 쏟아붓는 집중력과 반복훈련을 의미한다. 실천과 관련하여 늘 범하는 중대한 시행착오는 일상의 잡다한 생활을 정리하지 않은 채, 새로운 시간 투자 계획을 세우는 것이다. 훈련을 시작하려면 그동안의 생활들을 재구성해야 한다. 루빈스타인과 마찬가지로, 밤마다 친구들과 놀고, 여인에 탐닉하고, 풍성한 음식에 빠져들면 천재에게도 기회는 없는 것이다. 따라서 평생의 직업인 필살기를 만들어내겠다는 새로운 계획을 이루기 위한 훈련이 시작되면, 시간을 잡아먹는 과거의 생활습성과 일들은 정리해야 한다. 어떤 생활들은 단호하게 버려야 한다. 어떤 생활들은 최소한도로 줄여야 한다. 그래야 우리가 원하는 꿈을 강화하고 창조해낼 수 있는 시간을 확보할 수 있는 것이다. 그래야 조금 시작하다가 그만둬버리는 폐단을 극복할 수 있다. 먼저 불필요한 시간을 제거하고 낭비되는 시간을 줄여야 새로운 계획에 시간을 집중적으로 투자할 여력이 생기는 것이다.

*

부지런하다는 것은 미덕이다. 분명하다. 그런데 나는 필요에 따라 이 근면을 몰아 쓰는 것이 전략적으로 훨씬 더 유용하다는 것을 깨닫게 되었다. 말하자면 작은 댐 같은 개념이다. 매일 부지런히 흐르는 개울물은 자연의 상태여서 맑고 깨끗하다. 그 자체로 좋다. 그러나 그것은 수량이 적어 큰일을 시키기 어렵다. 종종 물을 모이게 만드는 작은 댐을 쌓아두면 큰 힘으로 쓸 수 있다. 매일 같은 일을 수없이 반복하는 일은 개울물의 부지런함으로 훌륭하게 해낼 수 있지만 새롭고 창조적이고 집중적인 일을 해내기 위해서는 치수治水의 묘가 필요하다는 뜻이다.

*

생활습관 중 지금 꼭 새로 만들어야 할 것은 고정적인 투자 시간을 확보하는 것이다. 매일 같은 시간대와 같은 양의 시간을 확보하는 것이 결정적이다. 그리고 이 시간에 할 일 하나를 정해야 한다. 어렵게 시간을 확보해놓고, 정작 그 시간에 딴짓하면 안 된다. 또한 이것저것 여러 가지를 섞어서도 안 된다. 즉 오늘은 회사일, 어제는 독서, 내일은 자격증 공부, 이런 식으로 섞지 마라. 하나를 정하면 원하는 목표를 달성할 때까지 계속한다. 이것은 근육을 키우는 메커니즘과 다를 게 없다. 집중하라. 습관이 되게 하라. 습관이 되면 의지력이 필요 없어진다. 오랫동안 한 가지 일에 집중하면 그 분야의 물리를 터득하게 되는데, 그건 마치 눈꺼풀이 하나 벗겨지면서 전에는 보지 못하던 것을 보게 되는 것과 같다. 차원이 달라지면서 뭘 알게 된 것이다. 이보다 훌륭한 보상은 없다.

*

　매일 시간을 떼어내기 위해서는 그 시간에 우선적 중요성을 부여하지 않고는 불가능하다. 먼저 두 시간을 떼어낸 후, 나머지 스물두 시간을 가지고 다른 일을 하는 것이 유일한 방법이다. 먼저 즐겨라. 새벽에 두 시간을 떼어 쓰는 것이 가장 좋은 방법이다. 새벽에는 다른 일의 유혹이 없다. 하루를 좋아하는 일로부터 시작한다는 것은 축복이다. 그다음으로 저녁 늦게 두 시간을 쓰는 것이 좋은 방법이다. 하루를 끝내기 전에 좋아하는 일에 빠졌다가 잠자리에 들 수 있다. 세 번째 등급의 방법은, 두 시간을 둘 내지 셋으로 쪼개어 휴식이 가능한 시간마다 사용하는 것이다. 마지막 방법은 일주일에 하루를 할애하는 방법이다.

　늘 일정한 양의 시간을 좋아하는 일에 쏟기 위해서는 편안함은 금물이다. 매일 꾸준히 해서 습관을 들여야 한다. 또한 적절한 집착이 중요하다. 모든 애정은 어느 정도의 집착에서 벗어나기 어렵다. 중요한 것은 돈과 성공에 대한 집착이 아니라, 삶과 애정이 만들어놓은 집착이어야 한다는 점이다.

*

　사람은 마흔이 되면 자신의 습관과 결혼해버리고 만다. 그것은 살아있는 나무껍질에 새겨 놓은 글자 같아서 나무가 자라남에 따라 점점 커지게 된다. 평범한 재능밖에 없는 평범한 사람들은 스스로의 차별화 전략을 창조해야 한다. 바로 상대적 강점에 집중하여 매일 연습하는 것이다. 연습이 대가를 만들고, 세월이 우리를 정교하게 한다.

*

일에 대한 강령 일곱 가지

1. 의식적으로 문제의식을 가져라. 문제의식이 없으면 일은 단순 반복된다. 어제의 방식을 의심하라. 어제의 방식으로 오늘의 일을 처리하는 것을 퇴보라 생각하고 부끄러워하라.

2. 실험하고 모색하라. 의도적으로 제기된 문제를 풀어라. 실패를 두려워하면 실험하기 어렵다. 실패는 아주 잘 배우는 또 하나의 방법일 뿐이다.

3. 알아주지 않아도 계속하라. 모든 훌륭한 성취의 이면에 숨어있는 공통점이다. 인정과 격려를 받으면 좋지만 그렇지 못한 경우가 많다. 외로운 일이 이루어져야 지금껏 아무도 하지 않았던 정말 큰 일이 성취된다.

4. 긍정적인 자긍심을 가져라. 남이 시키는 대로 하거나 하는 일에 대해 자신의 이유를 찾지 못하면서 자긍심을 가질 수는 없다. 따라서 먼저 자신이 매일 하고 있는 일을 자신의 언어로 규정해보자. 나는 변화경영 전문가로서 내가 하는

일을 '어제보다 아름다워지려는 사람들을 돕는 일'이라고
규정했다. 그러자 나 스스로 멋져 보였다.

5. 자신만의 방식을 찾아라. 이 세상에 평범한 직업은 없다.
평범한 방식으로 수행되기 때문에 평범해질 뿐이다. 전문
가의 세계에서 중요한 것은 차별성이다. 차별적 서비스를
제공하면 어디서건 자신의 자리를 찾을 수 있다.

6. 1인 기업이라고 생각해라. 시키는 일을 하며 품삯을 버는
피고용인이라고 생각해서는 안 된다. 자신의 비즈니스를
경영하는 경영자라고 생각하라. 그 순간 자신의 서비스를
개선하지 않으면 안 된다는 불안과 욕망이 머리를 치켜들
것이다.

7. 자신의 지적자산을 형성하라. 지식사회의 재산은 지식이
다. 지식은 만들어져야 하고 저장되어야 하고 유통되어야
하며 활용되어야 한다. 따라서 자신의 홈페이지를 만들거
나 블로그를 만들거나 카페를 만들어라. 그리고 매일 자신
의 실험과 모색의 과정을 올려 회원들과 공유하도록 하라.
몇 년 내에 그곳에 있는 모든 지식의 소유자는 그대가 될
것이다.

*

직장인의 정신적 불행은 일 속에 '내'가 없기 때문이다. 일 속

에 자신이 들어있는지 자세히 살펴라. 충분히 길게 들여다보면, 그 속에 '내'가 있다. 여기가 출발점이다.

넘어진 곳에서 일어서려면 우리를 넘어뜨린 그 땅을 짚고 일어서야 한다. 삶을 바꾸고 싶으면 지금의 삶에서부터 시작해야 한다. 평생을 쓸 수 있는 필살기 하나를 만들기 위해서는 지금 하는 일을 짚고 일어서야 한다. 현재의 직무, 매일의 일상에서 반복되는 이 일, 지금 내가 하고 있는 바로 그 일, 이 속에 평생의 필살기를 마련할 수 있는 단초가 숨어있다.

*

일을 하며 종종 이렇게 질문해보라.

"일이 나를 만들어가고 있는가, 내가 일을 만들어가고 있는가?"

일이 자신을 만들어가게 두지 마라. 그것은 윌리*나 그의 친구처럼 그 일의 영역 속으로 끌려들어가 일의 희생자로 전락하는 길이다. 파리 잡는 끈끈이에 달라붙어 꿈틀거리는 파리처럼, 밥에 매이는 생계형 월급쟁이가 되어서는 안 된다.

세일즈라는 일이 윌리를 온전한 하나의 인간으로 살게 하는 대신 하나의 세일즈맨으로 만들었듯, 일에 끌려가 자신은 없고 일의 속성만 남은 국화빵 직장인이 되어서는 안 된다.

일 속에 자신의 기질적 특성과 가치관을 이식하여 나만의 일

처리 방식을 만들어내야 한다. '나'라는 특징이 일 속에 특화되어 흡수될 때 사람들은 나로부터 다른 사람이 가지지 못하는 차별성을 찾아낼 수 있을 것이다.

• 아서 밀러의 희곡, 《세일즈맨의 죽음》의 주인공

∗

　실직과 해고에 따른 미래의 불안은 그러나 하나의 원칙을 세우고 준비함으로써 적절하게 대응될 수 있다. 지켜야 할 원칙은 '직장 대신 직업을 선택하는 것'이다. 평생직장은 사멸했지만 새롭게 평생직업의 시대가 찾아왔다. 평생직업은 한 직장에서 해고되었을 때 발생하게 되는 단절의 불안을 해소시켜준다. 그들은 이렇게 생각한다.

　"나를 고용하라. 왜냐하면 나는 이 분야의 전문가이기 때문이다. 그러나 당신 기업이 나를 고용하지 않아도 괜찮다. 나를 필요로 하는 또 다른 기업이 있기 때문이다. 설혹 다른 사람이 나를 고용하지 않아도 좋다. 왜냐하면 나는 내가 직업이기 때문이다."

∗

　사람은 일종의 그릇이다. 태어날 때 그 그릇의 크기와 모양이 결정되어 있는 초벌구이 같은 것이다. 인생을 살면서 우리는 그 그릇을 몇 번 다시 가마에 구워 쉽게 깨지지 않도록 단련하고, 좋아하는 색깔로 채색하며, 일상의 손때를 묻혀 훌륭한 자기로 완성해가는 것이다. 작고 정교한 그릇에 많은 음식을 담을 수 없고, 세숫대야에 음식을 담아 내오지 않는다. 모두 그 쓰임에 맞아야 한다. 자신의 적합한 쓰임새를 찾는 것이 세상에 자신을 내보이려는 사람이 가정 먼저 생각해야 하는 과제다. 타고난 모양대로 그 용도에 맞는 가장 훌륭한 그릇으로 자신을 다듬어가야 그 인생이 아름답다. 사람에게는 자신만의 길이 있게 마련이다.

*

재능의 이런 개인적인 차이에 대하여 가장 잘 아는 사람은 본인일 수밖에 없다. 우리의 전략은 분명하고 확실하다. 모든 개인은 자신만이 꺼내 쓸 수 있는 재능과 기질의 혼합을 가지고 있고, 그 특별함을 활용하여 평생 직업을 하나 만들어내자는 것이다. 재능과 기질의 혼합, 그것이 무엇인지를 확인하는 가장 확실한 방법은 그것이 필요한 일을 직접 해보는 것이다. 직장은 이 실험을 하기에 꽤 적합한 곳이다. 모든 직장인에게는 할 일이 주어진다. 여러 가지 재능을 요구하는 각각의 태스크들을 매일 해나가다 보면 어떤 일은 흥미롭고 어떤 일은 잘할 수 있지만, 어떤 일은 지루하고 스트레스를 받게 하고, 시간을 투자해도 잘해낼 수 없다는 것을 알게 된다. 태스크야말로 우리가 어떤 재능을 가지고 있는지 실험해볼 수 있는 훌륭한 시금석의 역할을 할 것이다. 필살기란 유니크한 차별성이다. 그것은 내 재능에 기초하여 어디서도 나만큼 해낼 수 없는 수준의 차별적 전문 서비스를 계발해내는 것이기 때문이다.

*

성공은 재능을 얼마나 많이 가지고 태어났느냐에 달려 있지 않다. 재능은 주어진 대로 받을 수밖에 없다. 그것은 신의 영역이다. 그러나 받은 재능을 다 쓰고 가야 하는 것은 인간의 책임이다. 그리고 성공이란, 재능의 크기가 얼마가 되었든 받은 만큼은 다 쓰고 갈 때 찾아온다. 미국의 대통령이었던 루즈벨트는 이것을 아주 멋지게 표현했다. "성공한 보통 사람은 천재가 아니다. 평범한 자질을 가지고 있었을 뿐이다. 그러나 그 평범함을 비범하게 발전시킨 사람이다." 평범함이란 없다. 그것은 아직 안에 있는 것이 진화하지 않았다는 것을 지칭하는 말이다. 그것이 터져 나올 때, 누구나 비범함에 다다를 수 있다.

재능이 있는 곳에 성과도 있다. 일과 재능을 연결하라. 가진 재능을 집중투자할 수 있는 투자처로서 적합한 일을 찾아라. 그리고 중요하고 잘할 수 있는 일을 집중육성하라. 이것이 필살기의 가장 중요한 방향성이다.

*

　이제는 스티븐 코비식의 '중요하고 급한 일을 먼저 해라'가 아니라 '적성에 맞는 일을 회사에서 제일 잘해라'로 업무수행의 초점이 옮겨가야 한다. 그러나 늘 우리는 과거와 미래 사이에 있기 마련이다. 그 사이를 '지금'이라는 현실로 인식한다. '지금'은 늘 이행 중이고 변화 중이다. 직업에 대해서도 마찬가지다. 필살기의 계발도 지금이라는 환경을 고려하여 그 속에서 진화해야 한다. 현재 직장을 다니고 있는 사람들은 회사가 중요하게 생각하는 태스크들에 대한 고려를 하지 않을 수 없다. 따라서 '지금'을 위한 필살기 계발 원칙은 '중요하고 적성에 맞는 일에 집중해 차별성을 창조하여 지금에 대비하고, 나아가 당장 중요하지는 않더라도 적성에 맞는 일은 놓치지 말고 계발하여 미래의 기회에 대비'하라는 것이다.

*

　직장에서 주어진 일에 매이지 마라. 하는 일의 영향력의 범위를 넓혀 가라. 직장 내에 존재하는 고객을 찾아 그의 요구사항이 무엇인지 정리하라. 일 년 동안 계약을 맺은 협력업체처럼 행동하라.

　당신은 '사이버 1인 기업'의 경영인임을 잊지 마라. 일 년이 지나면 다시 그동안의 내부 고객에 대한 기여의 정도를 가지고 재계약이 체결되는 그런 긴박감과 고객에 대한 헌신을 가지고 일을 다루라. 그리하여 당신이 그 일을 그만두면, 많은 사람이 당신보다 더 좋은 사람을 찾을 수 없게 행동하라. 그리고 한 가지 사실을 항상 기억하라. 하고 싶어서 하는 사람보다 더 잘하는 사람은 없다는 사실을.

*

어떤 일이든 그것을 평생 죽을 때까지 한다는 것은 대단한 인연이다. 세월과 함께 점점 그 일을 더 잘하게 되고, 그 일의 골수를 얻게 되면 그 일이 곧 내 삶의 정체였다는 것을 깨닫게 될 것이다. '그 일을 위해 태어난 사람'이라는 말은 한 직업인이 들을 수 있는 최고의 찬사다. 그들은 그저 나이를 먹지 않는다. 그들은 세월에 인생을 더할 줄 아는 사람들이다. 세월과 함께 더 깊은 세계를 가지는 사람들, 그들이야말로 프로다. 한 분야에 통달하게 될 때, 인생의 다른 분야에 대해서도 그 기본적 묘리를 미루어 터득해간다는 것은 참 신기한 일이다. 거기에는 잡다한 것들을 제쳐두고 서로 소통할 수 있는 우주적 깨달음이 있기 때문이다. 당신은 무엇으로 당신의 길을 갈 것인가? 무엇으로 우주적 공감이 이루어지는 깊은 곳에 다다를 것인가?

*

"살고 싶은 대로 산다"는 것은 내가 즐겨 쓰는 말이다. 그러나 그것이 즉흥적이라는 말은 아니다. 때때로 살아지는 대로, 마음이 흐르는 대로 반응하는 것이 더할 수 없는 자유로움이지만 그것 때문에 나의 내면의 규율과 북소리가 꺼지는 것은 아니다. 아마추어와 프로의 차이는 그런 것이다.

프로가 되려면 오래해야 한다. 오랜 집중과 반복되는 훈련을 거쳐야 한다. 어느 영역이나 마찬가지다. 그래서 자기가 좋아하는 영역을 고르라는 것이다. 좋아하므로 그 길고 오랜 여정을 견딜 수 있고, 그리하여 고된 수련이 주는 깊어지는 숙성의 기쁨을 얻으리라는 것이다.

프로가 되는 훈련은 그 길 앞에 놓인 크고 작은 산들을 넘는 것이다. 어느 날 절벽처럼 나타난 바위벽 앞에 서면 손발이 오그라들고 정신은 두려움에 떨게 될 것이다. 그러나 뜻을 세운 사람은 그 바위벽을 타 넘어야 한다는 것을 안다. 그 어려움을 넘어서면 그 아래에서는 볼 수 없었던 새로운 세계를 만나게 된다. 그리고 올라올 때의 괴로움이 다시 되돌아갈 수 없는 절망적 용기로 전환된다.

너는 '절망적 용기'라는 이 기묘한 말의 뜻을 알겠느냐? 그것은 마치 "이제 주사위는 던져졌다. 나는 이제 되돌아갈 수 없다. 무엇이 나를 기다리더라도 나는 모든 장애를 물리치고 앞으로 나아갈 수밖에 없다"는 인식이다. 내가 택한 길을 따라 여러 언덕과 험준한 장애를 넘어갈수록 나는 내 길에서 물러설 수 없게 된다. 나는 나의 영웅이 될 수 밖에 없다. 스스로 용기를 낼 수밖에 없는 것이다.

그것이 프로다. 이것저것 쉬운 단계에서 잠깐의 열정으로 다른 사람보다 조금 더 빨리 습득되는 작은 재주를 자랑해서는 안 된다. 아마추어의 다양한 재미는 결코 프로의 깊은 맛을 따를 수 없다. 그래서 운명이 널 찾아오면 그 일에 너를 다 던지라는 것이다.

"나는 이 길을 갈 것이다. 이것이 나의 뜻이다. 나는 나를 다 던져 이 일로 유명해지리라."

이런 전사의 서원戰士을 하라는 것이다. 그러니 다른 잡다한 일로부터 너를 정리할 수밖에 없게 되는 것이다.

*

자신을 위해 한 번의 직업혁명을 준비해야 할 때가 되었다. 모든 사람은 자기 내부에 엄청난 매장량의 보물을 가지고 있다. 그것이 무엇인지, 얼마나 되는지 아무도 알 수 없다. 분명한 것은, 그것을 발견하지 못하는 사람은 가난하고 비참한 생활을 감수해야 하는 것이다. 혁명의 시작은 지금 횃불을 켜들고 자신의 모든 보물이 감추어진 깊은 동굴로 천천히 들어가는 것이다. 출발하자마자 갈림길이 하나 나올 것이다. 그 갈림길에서 작고 조용한 오솔길을 택하라. 화려한 볼거리도 많지 않을 것이다. 조금 외롭긴 하지만 작은 즐거움들로 가득할 것이다. 그 길을 따라가다 보면 곳곳에, 수없이 많은 보물들이 묻혀있음을 발견하게 되고, 시간이 지날수록 자신이 점점 더 부유해지는 것을 알게 될 것이다.

*

강연을 하다 갑자기 섬광처럼 내가 하는 일의 정체를 알게 되었습니다. 명쾌한 듯 보였지만 어딘지 미진한 대목이 있었는데 그것이 무엇인지 깨닫게 되었습니다.

'우연한 쏘시개 불꽃 an unexpected sparkle toward a destiny'

내가 하는 일은, 자신의 길을 찾아가는 누군가가 어둠 속에서 방향을 잡을 수 없을 때, 잠시 '우연한 쏘시개 불꽃'이 되는 일입니다. 누구든 자신의 길을 갈 때는 내면의 등불을 밝히고 가야 합니다. 누구도 다른 사람의 등불이나 등대가 될 수는 없습니다. 우리가 가는 여행은 우리 속으로의 여행이니까요. 안으로 들어갈수록 오직 자신을 태우는 스스로의 등불로 길을 밝혀야 합니다. 막막할 때, 어딘가 주저앉아 있을 때, 우연히, 자신의 안에서 스스로 불을 켤 수 있도록 잠시 불을 빌려주는 예기치 않은 쏘시개 불꽃이 되는 것, 이것이 내가 하고 싶은 일입니다.

어떤 리더가 될 것인가

모든 리더십은 나로부터 시작한다. 내가 나를 이끌 수 있을 때 비로소 나는 나의 주인이 된다. 스스로를 이끌 수 있는 사람만이 남을 이끌 능력을 갖출 수 있다. 내가 나를 이끌 수 있는 것, 이것이 바로 셀프리더십이다. 모든 주도적 인물들의 공통점이다. 제대로 된 자기계발서라면 나로부터 시작되는 리더십을 다루지 않은 책이 없다. 나로부터 확장되는 리더십에 대한 가장 훌륭한 조언 중의 하나는 '수신제가치국평천하修身齊家治國平天下'라는 유가의 사상이다. 그래서 나는 공자의 《논어》를 가장 오래된 최고의 고품격 자기계발서의 원형이라고 부른다. 모든 리더의 몰락과 비극은 자신을 다루지 못하면서 남을 다루려 하는 데서 비롯된다.

*

불확실성은 미래를 앞에 둔 사람들이 공통적으로 경험하는 어둠이다. 이때 어둠 속에서 자신이 꿈꾸는 것을 볼 수 있는 능력이 필요하다. 또한 상상력은 꿈을 꾸게 함으로써 미래를 만들어내는 근원적 힘이다. 변화가 목적지를 향해 왜곡되지 않고 지

속되도록 하는 종합적이고 장기적인 안목 역시 중요한 리더십
의 요소다. 동시에 잘못된 것을 곧바로 수정할 수 있는 정신적
민첩성과 유연성 없이는 미래로 가는 길 속에 포진된 위험한 덫
을 피해가기 어려울 것이다.

*

　당신은 어떤 상사가 되고 싶은가? 잘 웃는 웃음은 신선하고
상큼하다. 웃음에 관대해져라. 그러니 어깨에 힘주고 목소리를
낮추지 말라. 무능함의 표본이다.

*

　내가 높은 지위에 있든 낮은 지위에 있든 그것은 중요하지 않
다. 자신이 스스로를 이끄는 사람인지 아닌지가 중요하다. 리더
십은 지위에 대한 것이 아니다. 리더란 직위나 조직의 크기와는
아무런 관계가 없다. 어떤 집단을 이끌 수 있다면 그 사람이 바
로 리더다. 직함과 직위가 없어도 그가 바로 실질적인 리더들
이다. 리더는 스스로를 주도하는 사람이다. 부하직원이라도 상
사에게 긍정적인 영향력을 미칠 수 있다. 상사로 하여금 우리를
돕게 할 수 있고, 상사에게 영감을 주고, 상사가 공을 세우게 하
고, 상사를 격려하고 고무시킬 수 있다. 부하직원 없이는 상사

가 성과를 달성할 수 없다.

경영은 틀림없이 과학의 범주에 속한다. 그러나 리더십은 예술이다. 인생은 딜레마와 패러독스로 가득 차있다. 경영 역시 이 모순을 다룰 수 있어야 한다. 상사와 나의 관계 역시 이 패러독스 속에 있다. 리더십의 정해진 틀은 없다. 내 안에 숨겨진 가장 위대한 것을 꺼내 조직을 이끌 수 있다면 그것으로 나는 이미 훌륭한 리더다.

*

리더십이란 "우리가 함께 해냈다"라고 외치게 하는 것입니다. 모든 성공 뒤에 '우리'라는 명료한 실체가 있어야 합니다. 누구도 성공으로부터 소외되지 않고, 각자 그 성공의 한 부분일 때 '우리'가 만들어집니다. 회사는 직원의 성공 없이는 조직의 성공을 이루어낼 수 없습니다. 어느 한 사람도 조직을 위해 희생되어서는 안 됩니다. 희생이야말로 자발적 헌신을 막는 가장 비참한 단어이기 때문입니다. 그러므로 경영자는 직원에게 이렇게 자신 있게 말할 수 있어야 합니다.

"나는 당신의 희생을 원치 않습니다. 나는 당신의 행복과 성공을 원합니다. 그것을 원하는 사람들만 여기에 남으십시오."

헌신하면서 행복한 직원들만이 유일하면서도 차별적인 최고를 만들어냅니다. 사회적 선의와 본업을 통해 사회와 인류에 기여할 때, 우리는 그 기업을 위대한 기업이라고 부릅니다.

*

우리에게는 반드시 지켜야 할 두 가지 원칙이 있다. 하나는 무엇이든지 다 시도할 수 있다는 것이다. 다른 하나는 누구도 다른 사람의 행복을 위해서 희생되어서는 안 된다는 것이다. 최고가 되기 위해서 우리가 지켜야 할 한 가지 원칙이 있다. 그것은 지금까지의 성공과 보상을 무시하고 폐기하는 것이다. 이것이 진보의 유일한 원칙이며 전문가의 윤리다.

*

리더십은 '시장과 고객'이라는 기업환경과 경쟁의 메커니즘 속에서 조직 구성원에게 비전을 부여하는 능력이다. 비전은 꿈과 행동을 의미한다. 비전을 가진 리더는 '미래를 현실로 인식'한다. 그리고 조직 속에 이를 전파한다. 좋은 리더는 고객을 만나고 비전을 나누고 조직을 개선하는 데 온 힘을 쏟는다.

좋은 리더는 시간의 대부분을 숫자를 챙기는 데 쓰지 않는다. 그들은 단기적 이익에 급급하지 않는다. 사회에서 얻은 것을 사회로 되돌려주는 일에 인색하지도 않다. 그들은 조직 구성원이 조직 내에서 자신의 꿈과 재능을 성취하도록 돕는다. 그리고 그들의 성과를 조직의 성과에 직결시킴으로써 함께 번영한다.

*

최고 경영자가 행동으로 몰입하지 않으면 대부분의 직원이 일상적인 업무상 결정을 내릴 때 기업의 비전과 가치를 판단 기준으로 준용하지 않는다. 기업의 가치와 비전은 직원 개인의 일상과 아무런 연관을 가지고 있지 않다. 이런 기업들의 일반적인 특성은 공식적인 표명과 실제적 행동 사이에서 많은 괴리를 발견하게 된다는 점이다.

직원들의 신뢰는 경영자가 무슨 말을 했는가가 아니라 어떤 행위를 했는가에 따라 좌우된다. 신뢰가 필요한 순간에 신뢰를 쌓을 수 없는 것은 말과 행동의 괴리에서 연유한다.

*

지금은 사람이 진정한 경쟁력의 원천이 되었다. 사람의 마음을 얻지 못하면 실패한 경영이다. 경영은 등을 두드려주고 안아주고 키스해주는 것이다. 그리하여 구성원들에게 열광하고 의미를 찾을 수 있는 흥미진진한 장소를 제공해주는 것이다. 그들이 서로에게 자신이 가지지 못한 재능을 나눌 수 있는 동료라는 신뢰를 쌓게 되면 누구와도 싸울 만하다. 싸움은 대부분 싸우기 전에 승패가 결정된다. 여러 사람이 하나가 된 팀은 이미 승리한 팀이다. 이때 싸움은 단지 승리를 확인시켜주는 과정에 지나지 않는다.

*

훌륭한 리더는 과거로부터 배운다. 그러나 과거에 갇히지 않고 미래에 대한 꿈을 꾼다. 왜냐하면 과거가 새로운 가정과 전제를 만들어낼 수 있는 사람들이 이룩한 꿈의 역사였다는 것을 이해하기 때문이다. 역사는 과거에 대한 연구가 아니다. 자유주의 역사가인 J. E. 액튼은 "역사란 우리들 시대의 좋지 않은 영향과 환경의 억압, 그리고 우리가 숨 쉬는 공기의 억압으로부터 우리를 구제하지 않으면 안 된다"라고 말했다. 역사는 우리가 현재의 문제를 풀기 위해 필요한 연구인 것이다. 그러므로 우리가 역사에서 배우는 가장 커다란 교훈은 아이러니하게도 '혁신의 능력'이다. 즉 지금의 문제를 넘어설 수 있는 새로운 가정과 전제의 발굴이라는 것이다.

*

좋은 리더는 다른 사람을 평가하기 전에 먼저 자신의 그릇을 스스로 평가할 수 있어야 한다. 작은 그릇이 큰일을 하려는 것은 과욕이다. 종종 우리는 무능이 죄라는 사실을 잊고 산다. 무능이란 일이 능력을 초과하는 곳에서 발생하는 불일치다. 결국 몸을 망치고 일을 그르치게 된다. 그러나 큰 그릇이 스스로 위축되어 도전하지 않는다면 자신에게 맡겨진 큰일을 기피하고 그 책임을 방기하는 것이다. 많은 것을 받았지만 쓰지 않고 가는 사람은 재능을 낭비한 죄에서 벗어날 수 없다. 역사는 자신에게 맞는 역할을 훌륭하게 수행하다 간 사람들의 빛나는 휴먼 드라마다. 그렇지 못한 사람들은 모두 망각의 물결에 씻겨 사라졌다. 그들은 모두 녹아 검고 어두운 배경이 되었고, 누구도 영광의 족적을 남기지 못했다. 과거에 현재를 비추어 봄으로써 지혜를 얻고, 물릴 수 없는 인생을 잘 살다 간 사람들의 파란만장한 역정에서 나의 길을 묻게 된다. 나는 어떤 그릇일까? 나에게 주어진 역할과 배역은 무엇일까? 나는 이 질문이 리더가 되려는 사람들의 첫 번째 질문이어야 한다고 생각한다.

*

힘없는 리더는 종이호랑이다. 그는 누구에게도 영향력을 미칠 수 없다. 힘은 리더십의 핵심에 있다. 리더십에서 사용하는 힘이란 생각 속의 의도를 현실로 데려오는 것이며 계속 머물게 하는 에너지다. 리더십의 핵심은 결국 그 힘이 어디서 오며 그 힘을 어떻게 사용해야 하는가의 문제인 것이다. 예를 들어 권

위주의자들은 그 힘이 조직의 조직도로부터 온다고 믿는다. 실리주의자들은 실세가 누구인지 따진다. 유미주의자들은 그 힘이 아름다움에서부터 온다고 믿는다. 전문성이 중요한 지식사회에서 조직도상의 위계의 힘을 빌려 영향력을 행사하려 한다면 마치 돈이 없는 계좌에서 돈을 꺼내려는 것처럼 어리석은 일이다.

잘못된 리더십은 또한 이 힘을 잘못 사용하는 것이다. 예를 들어 그동안 많은 경영자는 구성원들을 조직화하기보다는 통제하고, 표현하게 하기보다는 억제하도록 만들었고, 앞으로 나아가게 하기보다는 재갈과 고삐로 묶어 두는 쪽을 선택했다. 그래서 힘은 가장 필요한 것이지만 가장 남용되는 것이기도 했다. 리더십이란 힘을 선용하는 것이다. 리더십은 리더와 추종자 사이의 힘의 상호작용이다.

*

리더는 먼저 자신의 힘을 가져야 한다. 자신이 선택한 분야에서의 전문성을 높이고 매일 배움으로써 전문가의 자리를 유지하는 것이 바로 이 힘의 원천이다. 경영자는 경영의 길을 선택한 사람이다. 경영의 달인이 되는 것이 리더십의 원천이다. 학자는 학문의 길을 선택한 사람이다. 학자의 힘은 자신의 전공 분야에서의 깊이다. 그 깊이가 힘이다. 직업인의 힘 역시 자신의 분야에서 전문가로서의 소견의 적절성에서 온다. 이것이 가장 기본적인 힘이다.

반대로 직원과 고객이 무엇을 원하는지 알지 못하면서 많은 사람 위에 군림하는 높은 자리에 앉은 사람은 모두를 실망시키며, 학문의 깊이가 없는 학자는 좋은 스승이 될 수 없고, 업무의 속성을 알지 못하는 상관은 무능한 것이다. 그들은 긍정적인 영향력을 갖지 못한다. 반대로 그들은 조직이 더 나은 길로 가지 못하도록 막는 장애물로 전락하는 자신을 발견하게 될 것이다.

따라서 좋은 리더는 스스로를 수련하는 궁사처럼 매일 자신을 수련해야 하며, 물 위에서 배를 젓는 새로운 시도를 두려워하지 않는 유연한 정신의 지적 탐험가여야 한다.

*

직원은 기업의 살아있는 구체적 모습이다. 활력이 있는 직원은 그 조직이 활력에 차 있음을 반영한다. 수동적인 고용인이 아니라 마치 1인 기업을 경영하는 경영자처럼 고객을 배려하고 가치를 제공하려고 애쓰는 직원은 그 기업이 고객 중심적임을 가장 확실하게 증명해준다.

기업의 가치는 직원이 증명한다. 제품을 만드는 사람도 직원이고 서비스를 제공하는 사람도 직원이다. 조직의 꿈과 가치를 시장에 전하는 사람도 역시 직원이다. 고객에게는 직원이 곧 그 기업인 것이다. 직원은 바로 조직의 피와 살이다.

*

파트너십을 이룰 때 조심해야 할 것이 있다. 견해가 다르다는 것은 이미 파트너십의 기본 전제다. 견해와 시각과 특성이 다르기 때문에 서로의 장점을 공유하기 위해 하나의 팀을 이룬 것이다. 그러나 이런 차이가 현실 속에서 긍정적으로 작동하기 위해서는 서로에 대한 믿음이 중요하다. 파트너십의 기본 바탕은 바로 신뢰다. 신뢰가 없으면 파트너십은 위험하다. 차라리 혼자가 낫다. 그러므로 늘 이렇게 다짐해야 한다.

"나를 위해 우리를 희생하지는 않을 것이다."

*

스스로 희생자라고 생각하지 마라. 상사를 적으로 만드는 것도, 지지자로 만드는 것도 다 나에게 달려있다. 우리가 누군가를 좋아할 때 꼭 분명한 이유가 있는 것은 아니다. 확실한 것은 "상대방이 내가 관심을 가질 수밖에 없도록 만들었다"는 사실이다. '강력한 자석처럼 끌어당기는 매력'. 이는 무의식적으로 리더십의 바탕을 이루기도 한다.

리더십은 높은 지위를 가진 사람들만의 전유물이 아니다. 누구에게나 열려있다. 조직에서 가장 중요한 리더는 바로 '나'다. 나를 이끄는 사람은 나 자신이어야 한다. 상황이 주어지기 전까지는 우리가 얼마나 많은 능력을 가지고 있는지 잘 모른다. 장애물을 만났을 때 비로소 자신이 무엇을 할 수 있는 사람인지 어느 정도 리더십이 있는지도 알게 된다.

잘 따르는 사람이 잘 이끌 수 있다. 우리는 지위와 상관없이 리더도 되고 팔로워도 된다. 상황에 따라 발휘되는 능력이 다르기 때문이다. 리더십은 리더와 팔로워 간의 역동적 관계 속에 있으며 때때로 그 역할이 자연스럽게 뒤바뀌기도 한다. 리더는 영웅적이며 독립적인 존재가 아니라 '다른 사람의 열정과 노력에 의존하는 존재'임을 깨달아야 한다.

이끄는 것과 따르는 것은 상반된 개념이 아니다. 우리의 에너지는 밀고 끄는 것처럼 하나의 목표를 향해 있다. 다른 사람을 도와주면 나도 그들에게 도움을 받을 수 있다. 다른 사람이 성공해야 나도 성공할 수 있다. 그러므로 혁신적인 조직에서는 리더와 팔로워, 리더십과 팔로워십의 순환이 원활하다. 조직을 위해 일하고 헌신하고 다른 사람의 성공을 돕는 사람이 훌륭한 팔로워이자 리더인 것이다.

자기혁명에 성공하는 방법

저항을 이기고 자기혁명에 성공하기 위한 첫 번째 조건은 스스로에게 위기를 설득시키는 것이다. 그리고 변화를 생존의 문제로 규정함으로써 자신을 구성하고 있는 습관들과의 '전면적인 생존전쟁'을 시작할 준비를 갖추는 것이다. 전면전은 확신을 필요로 한다. 분명하고 확고한 신념을 요구한다. 이곳에 그대로 있을 수 없는 분명한 이유를 찾아낼 수 없는 사람은 결코 떠날 수 없다.

*

나의 삶, 나의 반항, 나의 자유를 최대한 느끼는 것, 이것이 최대한으로 사는 것이다. 매일 무익한 일에 나를 바치는 삶은 허망하고 쓸데없다. 그럼에도 불구하고 자신에게 배당된 삶의 바닥을 반항과 자유와 열정으로 맨 밑바닥이 드러날 때까지 퍼 올리며 사는 것이 바로 사람이다. 비극 속에서도 항상 깨어있는 인간 시시포스야말로 인간의 참다운 모습이다.

자기경영은 무익하고 희망 없는 일에서 기쁨을 보는 것이다. 매일 바위를 굴려 올리는 것이다. 온 힘을 다해 그렇게 하는 것이다. 그리고 그 바위가 산의 정상에서 다시 굴러떨어지는 것을 보는 것이다. 그러고는 다시 시작하는 것이다. 그리고 어느 날 고난에 찬 기나긴 길을 걸어온 오이디푸스 왕처럼 이렇게 말하는 것이다.

"이렇게 많은 시련에도 불구하고, 나이 듦과 내 영혼의 위대함은 나로 하여금 모든 것이 좋다고 느끼게 한다."

산꼭대기를 향한 투쟁, 그 자체가 우리의 마음을 다 채우기에 충분하다. 인간의 유한한 운명을 인식하는 순간 우리는 살아있는 모든 떨림에 감사하게 된다. 주어진 삶, 그것이 무엇이든 정면으로 살아내는 것, 그것이 인간의 삶이다.

*

언젠가 한 번은 하고 싶은 대로 마음껏 스스로 설계한 인생을 살아야 했다. 깨끗하고 빛나는 옷을 입고, 햇빛 가득한 산을 넘고 들을 건너 아름다운 인생 하나를 건설해야 했다. 아름다운 그날 하루를 내 삶의 국경일로 정하고, '눈에 보이지 않는 안내자'의 도움을 받아 아름다운 곳에서 새로운 삶을 시작해야 했다. 나는 이것이야말로 인생의 경영이라고 생각한다. 인생은 결국 자신의 주인을 닮게 되어 있다.

*

　자기경영은 두 개의 시선이다. 두 개의 대극적 가치를 다 볼 수 있는 균형의 눈을 가지는 것이다. 다행스럽게도 우리의 정신은 서로 모순되고 갈등하는 것들을 받아들여 더 좋은 것으로 조화시킬 수 있는 힘을 가지고 있다. 한 개의 눈으로 본 것으로 모두를 대변하면 편협해지고, 한 개의 귀로 들은 것이 전부라고 생각하면 억울한 일을 만들게 된다. 두 개의 눈으로 두루 보고, 두 개의 귀로 이 입장 저 입장을 헤아려 듣고, 안에서 가지런히 정돈하여 하나의 입을 통해 표현하면 지혜롭다 할 수 있다. 그러나 사람들은 나이가 들수록 한 개의 눈, 한 개의 귀, 열 개의 입을 가진 것처럼 편협하고 고집스럽게 자신의 말만 주장하는 경향이 커진다. 나이와 함께 자연스럽게 지혜도 늘어가면 좋으련만 그렇지 않다는 것이 자못 섭섭하다. 육체의 아름다움이 사라져가기 시작하고, 사회적 지위에서 물러나면서 삶에 대한 포용력과 관대함도 줄어드는 듯하다. 나 역시 예외가 아니다. 나에게도 더 많이 보고 더 많이 듣고 더 적게 말하는 나이 듦의 수련이 점점 절실해진다. '두 개의 눈, 두 개의 귀, 그리고 하나의 입'은 그래서 까마득한 옛날부터 전해 내려온 조화로운 자기경영을 위한 마법의 숫자였다.

*

    우리에게는 지금 자신감과 에너지가 필요하다. 당신이 아직 학생이라면, 용맹정진하는 선사禪師들이 그러하듯, 선생의 전부를 삼키고 다시 게워내야 한다. 당신이 지금 직장인이라면, 경영자와 상사의 호의를 구걸하지 마라. 허리를 펴고 당신의 등뼈로 서라. 당신은 직장 속에서 전문적인 1인 기업을 경영하는 경영자가 빨리 되어야 한다. 만일 당신이 이미 직장을 잃어버렸다면, 지금이 바로 그동안 발목을 잡아왔던 것들을 떨쳐버리고, 하고 싶은 일을 할 수 있는 가장 좋은 기회라는 것을 상기해야 한다. 실업이란 직장에서 쫓겨나는 것을 의미하지 않는다. 인생을 통해 하고 싶은 일을 찾지 못하는 것이 바로 진정한 실업이다. 우리는 선택할 수 있다. 선택함으로써 자유롭게 종속될 수 있다. 그 일만을 생각하고, 그것만을 위해 웃고 울 수 있다. 인생을 거는 것이다.

*

    진정한 실업은 청춘을 바친 직장에서 쫓겨나는 것이 아니다. 자신을 위해 하고 싶고, 할 수 있는 일을 찾지 못하는 것이다. 당신은 평범한 사람인지 모른다. 그러나 모든 위대한 사람 역시 평범한 사람에 지나지 않았던 시절을 가지고 있었다.

나는 당신의 1인 기업이 개인적이고 보편적인 당신의 신념을
기업이념으로 가지기를 바란다. 그리고 당신과 협력관계에 있
는 회사와 함께 그 가치를 공유할 수 있기를 희망한다. 또한 당
신의 고객이 바로 그 살아있는 신념에 이끌려 당신과의 관계를
신뢰할 수 있기를 바란다. 이것이 건강한 비즈니스의 시작이며
끝이다.

*

근면은 좋은 밑천이다. 지식과 경험 역시 좋은 밑천이다. 몰
입과 열정 역시 좋은 밑천이다. 내가 가지고 있는 것은 모두 유
효하고 유용한 밑천이다. 투자란 내가 가지고 있는 것을 사업에
쏟아붓는 것이다. 이것들은 거의 무제한이다. 쓰면 다시 생기는
화수분이다. 이것이면 한 번 해볼 만하다. 이것이 시작하는 기
본 정신이다.
자신의 것이 아니라 다른 사람에게 귀속된 것을 얻어 쓰기 위
해 발생하는 것이 비용이다. 이제 시작하는 사람은 제 손으로
모든 것을 처리해야 한다는 외로움과 싸워 이겨야 한다.

*

종종 우리는 '시간관리'라는 오만한 단어를 쓴다. 멋모르는

아이가 마치 시간을 제 마음대로 통제할 수 있는 것처럼 말이다. 빨리 가게 할 수도 없고 느리게 가게 할 수도 없고 멈추게 할 수도 없는 것을 뻔히 알고 있음에도 너도 나도 시간관리를 잘하라고 말한다. 시간은 비정한 힘으로 우리를 휩쓸 뿐이다. 우리가 시간을 관리하는 것이 아니라 시간이 우리를 먹어 치운다. 통제할 수 없는 것은 통제하려 하지 않는 것, 즉 할 수 있는 것과 할 수 없는 것을 구별하는 것, 모든 자기경영은 이러한 분별의 인식에서 시작된다. 그러므로 시간관리라는 오만과 왜곡에서 벗어나 '지금 경영'이라는 말을 쓰는 것이 '시간의 강가에 매어둔 배에서 태어난 시간 방랑자'인 우리에게 더 어울리는 삶의 태도가 아닐까 한다.

*

우리가 맞서야 하는 첫 번째 적은 언제나 우리들 자신이다. 그리고 우리를 구해주는 첫 번째 친구도 우리들 자신이다. 우리는 우리 자신을 창조적으로 증오할 줄 알아야 한다. 그리고 어제의 습관과 사고 속에서 전혀 새로운 변종과 혁신을 이끌어낼 수 있어야 한다.

*

자기혁명은 자신을 공격하는 것이다. 자신을 이루고 있는 여러 가지 습관들의 결탁을 와해시키는 것이다. 습관의 한 부분을 공격해서 점령한다고 해서 이기는 것이 아니다. 복구할 수 없이 완전히 궤멸시키지 않고는 성공할 수 없다. 싸움은 전면전이다. 예를 들어 담배를 끊기 위해 담배만 피우지 않으면 되는 것이 아니다. 술도 당분간 끊어야 한다. 기름진 음식도 먹지 말아야 한다. 술과 기름진 음식은 흡연의 욕구를 자극하여 원래의 상태로 돌아가게 한다. 따라서 흡연의 욕구가 사라질 때까지 담배와 연결된 습관을 자극할 수 있는 모든 것을 통제해야 한다. 변화가 어려운 것은 바로 이러한 먹이사슬 같은 연결성 때문이다. 견딜 때는 산과 같아야 한다. 견디다 보면 하루가 가고 일주일이 간다. 그러나 일주일이 갔다고 여기지 마라. 그저 또 하루가 지나간다고 생각하라.

*

어떤 분야에 어떻게 구체적으로 적용될 것인지에 대한 구체적인 그림 없이 개념만으로 성공하는 변화는 있을 수 없다. 모호한 개념은 설명이 필요하다. 설명이 필요한 개념은 심리적 저항의 선을 넘어서기 어렵다.

변화는 곧 실천이다. 실천이 없는 변화는 없다. 나는 그런 변화의 성공을 들은 적도 없고 본 적도 없다. 모호한 개념으로는 변화를 시작하기조차 어려울 것이다.

이런 오류가 자주 발생하는 것은 바로 '지금의 자리'에 대한 객관적 판단이 공유되지 않은 상태에서 일반적 처방을 썼기 때문이다. 감기약은 감기에 써야 하고, 소화제는 소화가 안 될 때 써야 한다. 만병통치약이란 없다. 따라서 현재를 평가하는 것은 변화의 성공을 위해 가장 먼저 이루어져야 하는 필수적 수순이다.

*

나를 변화시켰다는 구체적인 증거는 내 하루가 바뀌었는지를 물으면 확실해진다. 오늘을 놓치면 삶을 놓치는 것이다. 하루를 즐길 수 있으면 훌륭한 변화를 만들어낸 것이다. 하나의 물결로서, 하나의 직업인으로서, 하나의 인간으로서 행복하게 사는 것이 내가 나에게 바라는 목적이다.

하루를 변화시키지 못하면 나의 두 번째 커리어도 없다. 나는 진심으로 나의 르네상스를 바랐다. 지금까지 살아왔던 인생에서 과감한 전환을 하고 싶었다.

깨달음이 하루의 일상으로 쳐들어와 하루를 바꾸어놓지 못하면 실천되지 않은 것이다.

하루를 바꾸지 못하면 혁명도 없다. 자신만의 하루를 만들어내지 못하면 자신의 세계를 가질 수 없다. 만일 하루를 춤추듯 보낼 수 있으면 행복한 것이다. 매일 그럴 수 있으면 자신의 행복을 찾은 것이다. 그것은 늘 자신을 행복하게 하는 새로운 방식을 찾아가는 끝없는 여정이다. 그러므로 우리는 늘 길 위에 있다. 한 곳에 짐을 풀고 편히 쉬더라도 그것은 길 위에서의 숙박이다.

'새로운 장르의 일상적 삶을 창조하는 것', 이것이 내가 스스로에게 약속한 실천적 개혁이고 혁명이었다. 내가 다른 사람들의 삶에 의미 있는 신호를 보낼 수 있으려면, 내가 새로운 일상을 하나 만들어냈다는 사실 때문이어야 한다. 그 새로운 일상이 지루한 일상으로부터 벗어나게 하는 대안 가운데 하나가 될 수 있을 때, 내 삶은 그들에게 의미 있는 사례가 될 수 있다.

*

그러나 우리가 대개의 경우, 어제의 인간으로 남아 오늘을 다시 시작하는 이유는 생활의 불편을 감수하기가 쉽지 않기 때문이다. 이것은 관성과 같다. 움직이지 않는 물체는 그대로 있으려고 한다. 그러나 일단 구르기 시작하면, 계속 구르려고 한다. 정지상태와 운동상태의 사이에는 단절이 있다. 이 단절을 넘어설 때 우리는 다른 삶을 살 수 있다. 이 단절은 뿌리 깊은 '정지하고 싶은' 관성을 극복함을 의미한다. 일상이 주는 '무위'의 편안함이 없다. 모든 것이 새롭고 낯설다. 배워야 하고 부지런해야 한다.

더욱 참기 힘든 것은 매일 그래야 한다는 점이다. '작심삼일'이라는 말은 익숙한 생활의 패턴을 벗어나기가 누구에게나 얼마나 어려운 일인가를 증명하는 경구다. 우리가 변화를 두려워하는 것은 바라지 않아서가 아니라 익숙한 생활이 주는 기득권을 잃어버릴까 봐 두려워서이며 일상생활의 편안함을 놓치기 싫어서다.

*

매일 자신을 들여다보라. 당신이 왜 변화를 시작했는지, 그리고 그것을 막고 있는 것이 무엇인지를 들여다보라. 슬픔이 있다면 적어라. 또 기쁨이 있다면 그것도 놓치지 말라. 바라지 않는 것을 해야만 한다면 왜 그런지 생각해보아라. 후회가 있고 통한이 있는 것이 인생이다. 원망이 있고 억울한 것이 또한 인생이다. 그러나 도움이 있고 정이 있고 애정이 있는 것이 또한 우리의 삶이다. 그 속에서 우리는 살아간다. 늘 자신이 유일무이한 삶을 살고 있음을 잊어서는 안 된다. 당신의 마음이 깨어있는 한, 그리고 처음과 같은 마음을 가지고 있는 한 당신은 저항에 굴복할 수 없다. 욕망이 흐르는 대로 마음의 길을 따라 껍데기를 벗고 그렇게 가라.

*

　나무는 늘 절망합니다. 그래서 늘 자기혁명을 일으킵니다. 다 버리고 맨몸으로 서있다 눈물로 꽃을 만들고, 속이 환히 비치는 실크 같은 향기로 스스로를 감싸다 다시 불타처럼 모두 버려 버립니다. 그러다 덤덤한 이파리로만 자신을 감싸 근엄한 생활을 합니다. 이윽고 낙엽으로 그들마저 떠나가면 그 자리에 예기치 않은 열매들이 주렁주렁 달려 있습니다. 열매조차 떠나고 나면 뼛속까지 근신하다 그 속에서 가장 매혹적인 꿈 — '내년의 꽃'을 그려 냅니다. 내년이 되면 그리하여 키가 자라 하늘에 더 가까워집니다.

*

　꿈을 가지고 일단 개혁을 시작하여 구르기 시작하면 끊임없는 변화를 일상의 원리로 받아들여야 한다. 바퀴가 일단 구르기 시작하면 계속 굴려주어야 한다. 구르고 있는 바퀴를 더 굴리고 싶어질 때, 우리는 변화를 일상의 원리로 받아들인 것이다. 바로 '굴러감'의 관성을 갖게 된 것이다. 이는 변화가 이미 생활의 일부가 되어 이질감이 없다는 것을 의미한다. 이때 비로소 우리는 점진주의의 혜택을 볼 수 있다. 매일매일 하다 보면 조금씩 더 잘할 수 있게 된다. 혁명과 점진주의는 이와 같이 서로 상호 보완적이다. 그러나 기억할 것은 이 둘은 같은 시기에 공존하지 못한다는 명백한 사실이다.

*

로댕의 말을 잊지 말라. '사랑하고 감동하고 전율하면' 그 삶은 매우 매혹적일 것이다. 날마다 그렇게 살아라. 하루하루를 잘 살아야 좋은 인생이다. 그러므로 하루를 바꾸지 못하면 변화에 성공할 수 없는 것이다.

세상을 향해 아주 많은 씨앗을 날려야 한다. 어떤 것은 실종되고, 어떤 것은 시멘트 같은 마음속에서 죽을 것이다. 그러나 어떤 것은 결국 누군가의 마음속으로 들어갈 것이다.

씨앗이 적절한 곳에서 쉽게 발아할 수 있도록 늘 더 나은 방법을 연구하라. 사람의 마음속에서 싹이 나고 푸른 잎을 단 아름다운 줄기로 자라도록 늘 새로운 품종을 개발하라. 그들을 감동시키고, 그들을 행동할 수 있게 하며, 그들이 실천하게 해야 한다. 따라서 그들이 좋아하는 모습과 색깔과 맛을 담은 향기로운 과육을 만들어내야 한다. 그러나 세상의 유행에 따르지 말라. 자연의 맛은 독특하고 차별적이다. 자신만의 맛과 향기를 지닌 품종을 만들어내라.

*

108배를 하면 30분 정도 걸린다. 물론 훨씬 더 걸릴 수도 있다. 그렇게 하면 온몸에 땀이 난다. 낮아진다는 것은 어려운 일이다. 때로는 잡념으로 최초의 정성이 흐트러지고, 때로는 고단하여 중도에서 그치고 싶어진다. 그리고 다시는 시작하고 싶지 않아지기도 한다. 시작할 때와 같은 초심을 견지한다는 것은 누구에게나 어렵다. 조금 익숙해지면 타성이 붙게 되는데, 그러면 내용은 없어지고 형식만 남게 된다. 이때 다시 처음의 마음으로 돌아가는 것이 중요하다. 불가에서 이것을 '발심發心'이라고 부른다. 발심은 초심보다 어렵다고 말한다. 옳은 말이다. 개혁 자체가 어려운 것이 아니라, 개혁이 진부해질 때 원래의 개혁으로 되돌아가기가 더 어려운 것과 같다. 인간의 습성이 고려되지 않은 개혁과 혁명은 허구다. 그것은 학살이거나 기만이거나 지나친 망상이다.

*

    자기통제는 분명히 방종과 지나침에 대한 브레이크의 역할을 한다. 그러나 결국 브레이크가 차를 달리게 한다는 패러독스를 이해하게 되었다. 차가 최대한의 속도를 내고 질주할 수 있는 이유는 브레이크가 있기 때문이다. 언제고 자신을 세울 수 있기 때문에 달릴 수 있는 것이다. 누구도 가속 페달만 달린 차를 타려 하지 않을 것이다. 액셀러레이터만 있는 차는 차가 아니다. 탑승자는 달리다 죽거나, 아예 출발조차 할 수 없을 것이다. 삶은 그 자체로 우리에게 많은 것을 알려준다. 멈출 수 있기에 달릴 수 있고, 언제고 달릴 수 있기에 멈추는 것을 두려워하지도 않는다. 스스로 세운 약속은 객관적인 지표로 모니터링할 때 효과적으로 제어된다. 자동차에 필요한 계기판이 달려있듯이 우리에게도 방향과 속도와 현재의 상황을 제대로 보여주는 지표들이 필요하다.

*

    단순한 위로를 구하지 마라. 아무도 속지 않을 낙관으로 자신을 이끌어가지 마라. 더욱 불안할 뿐이다. 반대로 사실을 받아들이고, 대담한 변화를 모색하라. 되돌아올 수 없을 만큼 너무 많이 간 인생은 없다. 젊은이에게는 아직 시간이 있다. 이미 나이가 든 사람들은 지금까지처럼 허무하게 생을 마칠 수 없기 때문에 남은 시간이 더욱 진지하고 초조하게 여겨지는 것이다. 우리는 어느 상황에서도 다시 시작할 수 있다.

*

나는 삶을 연극에 비유하는 것을 싫어한다. 삶은 연극이 아니다. 우리는 극장 안의 배우도 관객도 아니다. 배우란 짜여진 배역에 따를 뿐이다. 다른 사람의 시나리오대로 움직이는 배역은 결국 내가 아니다. 극본과 연출, 그리고 배역까지 맡아야 비로소 삶으로 비유될 수 있다.

또한 우리를 삶이라는 연극을 관람하는 관객으로 비유해서도 안 된다. 우리는 스스로 참여하는 자들이며 변신하는 자들이지, 다른 사람들의 인생을 부러움과 질시로 관람하는 관객이 아니다. 삶을 연극으로 전락시켜서는 안 된다. 만약 삶이 연극이 되면, 삶의 개념이 삶을 지배하게 된다. 연극이 삶이 아니듯 개념 또한 삶은 아니다. 우리는 극장 밖으로 나와야 한다. 삶을 연극에 비유하는 것을 미워하는 이유는 삶을 극장 안으로 몰아넣고 짜여진 연극으로 전락시키는 것을 참을 수 없기 때문이다. 나는 진짜를 원한다.

4장

나는
어둠을 품은
밝음

어둠은 나의 약점이기도 하고 나의 문제점이기도 하고 나의 실수와 상처이기도 하다. 밝음은 나의 강점이며, 나의 성공이기도 하고 나의 감탄과 삶의 기쁨이기도 하다. 나는 어둠을 품은 밝음이다. 내가 가장 먼저 해야 할 일은 나의 밝음을 확산하는 것이다. 어둠을 지우는 대신 먼저 밝음을 확산하는 것이다. 어둠을 지우는 대신 먼저 밝음을 키우는 것이 선행되어야 한다. 이것이 내 전략이다.

구본형은 스스로를 이상주의자이자 선동가로 생각했다. 그럼에도 그의 시선은 균형 잡혔고 삶은 조화로웠다. 많은 사람들이 이상과 현실 사이에서 능숙하게 균형을 잡고 대담함과 신중함을 겸비한 그의 능력이 어디서 비롯되었는지 궁금했다. 나는 그와 십여 년을 함께하며 그 비결을 알게 되었다.

먼저 구본형은 삶이 모순을 품고 있음을 알고 있었다. 사람은 태어나는 순간부터 죽음을 향해 걷기 시작하고, 태어나는 때와 장소를 선택할 수 없음에도 인생은 선택의 연속이며, 인간은 다른 생명을 죽여서 먹어야 살 수 있다. 삶이 이렇게 모순적임에도 그는 우리 안에 이런 모순을 통합하고 창조적으로 활용할 수 있는 힘이 있다고 믿었다.

또한 그는 한 사람 안에 빛과 어둠이 공존한다는 점도 알고 있었다. 흔히 어둠은 부정적인 것으로, 밝음은 긍정적인 것으로 본다. 절망과 희망, 약점과 강점, 눈물과 웃음, 고통과 기쁨 등에서 전자는 어둠으로, 후자는 밝음으로 여긴다. 하지만 구본형은 어둠과 밝음은 서로 연결되어 있다고 생각했다. 그가 일관되게 강조한 자기혁명은 낡은 정신을 죽이고 진정한 나로 거듭나는 것이다. 밤을 거치지 않고 새벽이 올 수 없듯이 죽음 없이는 부활도 없다.

그는 자기안의 이중성, 즉 빛과 어둠을 다루기 위해 몇 가지 방법을 만들었다. 첫 번째로 어둠을 없애는 대신 밝음을 키우는 전략을 활용했다. 이를테면 그는 약점을 보완하기보다는 강점에 집중하는 것을 자기계발의 제1원칙으로 삼았다. 두 번째 방법은 실험이다. 실패는 어둠이고 성공은 밝음이며 이 둘을 서로 연결해주는 것이 실험이다. 실험은 실패를 학습으로 전환하고 성공의 본질이 무수한 학습의 결실임을 보여준다. 구본형이 '매일 실험하라'를 삶의 모토로 삼고, 능동적인 실험정신을 강조한 이유가 여기에 있다.

무엇보다 구본형은 삶의 모순을 다루는 데 자기 안의 이중성이 중요한 역할을 수행할 수 있다고 강조했다. 밝음과 어둠 가운데 어느 하나에만 의존하는 것은 한 발로 걷는 것과 같다. 제대로 걸을 수 없다. 힘든 시절에는 어둠을 직시하되 그 안에서 빛나는 부분을 놓치지 않아야 절망하지 않는다. 좋은 시절에는 밝음을 키우되 어둠을 잊지 않아야 자만하지 않는다. 또한 삶에서 직면하는 중요한 문제를 지혜롭게 극복하기 위해서는 비관적인 상황 속에서 긍정적인 부분을 찾아낼 수 있는 낙관적 사고와 함께, 엄혹한 현실을 직시할 수 있는 비판적 사고가 필요하다. 밤이 있기에 별이 빛나고 별이 있기에 밤이 아름답다.

홍승완
변화경영연구소 1기 연구원

어제보다 아름다워지고 싶은 당신에게

　나는 이 우주를 항해하는 행성이다. 수없이 많은 다른 별이 바로 내가 만나는 사람들이다. 사람은 우주를 닮았다. 따라서 나도 우주의 법칙에 따른다. 우주에는 밝음과 어둠이 있다. 어둠은 나의 약점이기도 하고 나의 문제점이기도 하고 나의 실수와 상처이기도 하다. 밝음은 나의 강점이며, 나의 성공이기도 하고 나의 감탄과 삶의 기쁨이기도 하다. 나는 늘 내 문제점을 해결하고 잘못을 고치고, 못하는 것을 잘하도록 강요받고 있다는 생각에 지배되고 있다. 지금부터, 당장 이 생각을 뒤집도록 하자. 나는 어둠을 품은 밝음이다. 내가 가장 먼저 해야 할 일은 나의 밝음을 확산하는 것이다. 어둠을 지우는 대신 먼저 밝음을 키우는 것이 선행되어야 한다. 이것이 내 전략이다.

*

　나는 늘 망설이는 편이다.
　단호하다가도 그 엄격함이 지나치다는 생각에 물러서기도 한다.
　희망의 절정에 있다가도 그 근거의 허망함에 의기소침해진다.

바람처럼 몰아치다가 이내 호수처럼 고요해지기도 한다.

오래도록 이 넘치고 모자람의 지나침에 대해 걱정했다.

이제는 알게 되었다.

그것이 자연이 존재하는 방식이며

나는 지극히 정상적인 사람이라는 것을.

*

이중성을 다루는 것은 쉬운 일이 아니다. 그러나 인간의 마음은 이미 이중적이다. 외부에 존재하는 이중성을 다루는 데 자기 안의 이중성은 매우 중요한 역할을 수행한다. 프리드리히 니체는 "춤추는 하나의 별을 잉태하기 위해서는 내면의 카오스를 품지 않으면 안 된다"라고 말한다. 따라서 우리는 자기 안의 모순을 두려워해서는 안 된다.

*

나는 삶의 모순과 딜레마가 좋다. 나이가 들면서 '우리 안에는 모순을 융화하고 조화시킬 수 있는 힘이 있다'는 믿음을 더 많이 갖게 된 것 같다. 이 갈등과 모순이야말로 진보와 진화의 원동력이며 에너지라는 것을 알게 된 것이다.

*

　가끔 나는 두려움을 느끼기도 하는데, 그것은 미래에 대한 불안과 걱정 때문이라기보다는 그 꿈을 이루기 위해 지금 해야 할 일들을 잊고 있는 것은 아닐까 하는 우려 때문이다. 나는 내가 바라는 그 꿈이 될 것이다. 내가 두려워하는 것은 그것이 이루어지지 않을지도 모른다는 회의 때문이 아니다. 그런 일은 없을 것이다. 나에게는 내 꿈에 대한 믿음이 있다. 다만 훌륭한 상상과 꿈이 이루어지기 위해서 반드시 해야 할 '지금의 일'들이 있게 마련이다. 종종 그것이 무엇인지 정확하게 모르고 있을 때가 있다. 모르기 때문에 그 일을 지금 실천하지 못하는 경우가 있다. 내가 두려워하는 것은 지금 해야 할 일을 놓치는 것이다. 이것이 오히려 강박관념으로 다가오는 두려움이다.

*

　지금 어렵지 않은 사람은 없어. 이 시기는 언젠가 끝이 날 거야. 1년이 걸릴 수도 있고 2년이 걸릴 수도 있어. 내게 지금 필요한 것은 그때를 위해서 지금을 견뎌내는 거야. 그러나 단지 견뎌내기만 해서는 안 돼. 달라질 미래가 원하는 것을 지금부터 준비해야 해. 그게 무엇인지 찾아내야 한단 말이야. 미래가 원하는 것 중에서 내가 하고 싶은 것을 찾아내 지금부터 시간을 투자하는 거야. 나는 나를 위해서 시간을 투자한 적이 없어. 그래서 나는 내가 된 적이 없는 거야. 내가 되어본 적이 없기 때문에 나의 운명은 다른 사람의 운명과 같을 수밖에 없어. 그들이 망하면 나도 망하고, 그들이 불행하면 나도 따라서 불행해지는 거야. 하루에 한두 시간이라도 나를 위해 투자를 해야 해. 당장은 식구들을 먹여 살리기 위해 하루에 열 시간은 내가 하기 싫은 일을 해야 될지도 몰라. 그러나 나머지 시간은 내가 하고 싶고, 잘할 수 있는 일에 시간을 쏟아붓겠어. 지금부터!

*

나는 갈등에 대해 늘 긍정적으로 생각한다. 갈등은 마음이 스스로의 길을 결정하는 순간이다. 나침반이 북쪽을 찾고, 그곳을 가리키는 순간 부르르 떨리는 것, 이것을 나는 갈등이라고 부른다. 갈등 없는 판단이란 반복하여 익숙해진 것에 지나지 않는다. 모든 새로운 것에는 갈등이 따라다닌다. 흥분과 두려움 속에서, 세상의 기대와 자신의 기대 사이에서, 이익과 마땅함 사이에서, 꿈과 현실 사이에서, 욕망과 절제 사이에서, 편함과 배려 사이에서 우리는 늘 잠시 망설이게 된다.

*

　부처의 가르침처럼 모든 슬픔의 근원은 집착이다. 그동안 너를 몰아온 불편한 집착을 놓아버리는 순간 너의 영혼은 날아오를 것이다. 뻔한 미래로 향하는 네 진로를 바꾸어놓은 갈림길에서 '너만을 위해 예비된' 운명적 선택을 하게 되는 것이다. 그 길은 미지의 세계에 대한 두려움과 새로움에 대한 흥분이 함께하는 모험의 세계로 통한다. 자신을 떨리게 한 우연한 각성에 다다른 사람들은 모험이 없는 인생은 로망이 없는 연애처럼 지루하다는 것을 알고 있다.

*

　그러나 때때로 인생이 우리를 겁주더라도 두려움에 지지 말자. 용기란 두려움을 느끼지 않는 것이 아니라 그 두려움을 딛고 일어서는 것이다. 두려운 상황에서는 두려움을 느끼되, 마음을 달래 세워 두려움이 우리를 쓰러뜨리지 않게 하라.
　젊음은 단명하기에 아름답고, 인생은 길기에 누구나 뜻을 세워 살고 싶은 삶에 도전해볼 수 있다. 누구든 자신의 꽃이 한 번은 필 것이고, 그때는 그 향기가 진할 것이다.

*

어제까지는 약점과 평범함이 우리를 좁은 공간에 가두어 두었다. 그러나 오늘은 그것들의 어깨를 밟고 담을 뛰어넘어 새로운 세계로 진입하는 새로운 여정을 시작하는 날이다.

더 나아지기 위해 꼭 훌륭한 과거가 필요한 것은 아니다. 과거가 훌륭하면 과거를 딛고 올라서라. 그러나 과거가 초라하면 과거가 미래를 대변하게 해서는 안 된다. 초라한 과거가 아니라 무한한 잠재력이 미래를 말하도록 해야 한다.

나는 언제나 내 속에 지금의 나보다 몇 배 더 훌륭한 내가 들어 있다고 믿는다. 지금의 나는 나에게 생명을 주고 깊이를 주는 내 안의 진정한 나에 비하면 그저 작은 존재에 불과하다.

기억하자. 우리가 나아질 수 있고, 훌륭해질 수 있고, 우리만의 감동적인 이야기를 써낼 수 있는 사람이라는 것을 말이다.

*

어떤 사람에 대한 평가는 그 사람에 대한 사회적 가치를 의미한다. 그러나 우리의 삶은 경제적 풍요와 사회적 가치만으로는 충분치 못하다. 우리는 그 이상의 것을 필요로 한다. 바로 내가 나를 인정해주는 것, 그것이 필요하다.

*

아주 작은 골방 하나가 있었으면 좋겠다. 나무 바닥에 벽은 전부 황토로 만든 방이면 좋겠다. 작은 나무 책상 하나에 나무 의자 하나, 그리고 바닥에 놓은 꽤 큰 방석 하나가 이 방을 채운 소품의 전부다. 나는 이 방을 '삶의 방'이라고 부르고 싶다.

살다 보면 관성을 이기지 못하는 때도 있다. 이 방은 어제와 결별하는 방이며 특별한 오늘을 부여받는 곳이다. 매일 이 방에 들어와 하루를 시작하고 싶다. 살다 보면 탐욕에 젖을 때도 있다. 이 방은 탐욕의 때를 벗는 곳이다. 살다 보면 인간으로 어찌할 수 없는 감정적 변이를 겪을 수밖에 없다. 이 방은 분노를 죽이는 방이고 질투와 자만을 죽이는 방이다. 살다 보면 무기력해질 때도 있다. 이 방은 무기력을 툴툴 털고 걸어 나오는 방이다. 살다 보면 무서워지고 비겁해지는 때도 있다. 이 방은 그것들을 벗어버리는 방이다. 그리하여 용기를 얻는 곳이다. 살다 보면 다른 사람의 마음에 슬픔을 줄 때도 있다. 이 방은 진심으로 용서를 구하는 곳이다. 이 작은 방은 늘 내가 새롭게 태어나게 도와주는 공간이 될 것이다.

*

봄에 천 개의 꽃을 가득 피웠던 목련의 가지를 짧게 잘라 주었습니다. 사다리를 놓고 올라가 땀을 뻘뻘 흘리며 웃자란 부분들을 모두 쳐주었습니다. 비와 햇빛으로 자란 나무는 스스로 아름다워집니다. 웬만하면 손을 대지 않고 자연스럽게 자라도록 놓아두는 것이 좋습니다.

그러나 꼭 도와주어야 할 때도 있습니다. 너무 웃자라 가지가 처지고 뿌리가 견디기 어려워하면 가지를 덜어내 주어야 합니다. 제 몸을 주체하기 어려운 경우지요. 비바람이 치면 가지가 부러지고 넘어지기도 하니까요. 자기를 가꾼다는 것은 치장하는 것이 아니라 자기답지 않은 군더더기들을 쳐내고 덜어내는 것이 아닌가 싶습니다.

*

판도라의 마음상자를 열고 세상으로 튀어나온 네 번째 불행은 '자아에 대한 무지'였다. 신은 스스로 자신이 누구인지 알고 있지만, 인간은 자신이 누구인지 모른 채 죽고 만다. 날마다 같은 삶을 살아가지만, '내가 없는 삶'을 살아야 하는 저주처럼 끔찍한 것이 있을까! 무엇이 되어, 무엇을 하다 죽으면 가장 자기다운 것인지 찾아 헤매지만 결국 알지 못하고 '아무것도 아닌 사람'으로 죽는 경우가 부지기수다. 그래서 인간은 누구나 정체성의 문제를 안고 있다. 삶이란 결국 자신의 정체성, 즉 자신의 진짜 이름을 찾아가는 기나긴 모험인 것이다. 삶의 모험이 없는 자, 아무도 아닌 자로 살 수밖에 없다.

*

문제가 밖에 있다고 생각할 때 우리는 쉽게 문제 해결에 대한 책임으로부터 면제된다고 믿고 싶어 한다. 그렇지 않다. 문제가 밖에 있다면 내가 문제 해결을 위해 할 수 있는 일이 없다. 고작 불평과 변명을 늘어놓는 것이 전부일지 모른다. 문제가 내게 있다고 생각하는 순간, 그 해결의 열쇠는 내가 쥐게 된다. 그래서 주도적인 사람은 늘 자신을 돌아보아 어떤 상황에서도 자신이 할 수 있는 의미 있는 일을 찾아 나선다. 그들은 불평하지 않는다. 불평으로 해결되는 것이 없음을 알기 때문이다. 대신 자신이 즐겨 할 수 있는 일을 하고 마음의 평화를 찾아 나선다.

직장이 놀이터처럼 즐거우려면 우선 스스로 즐거워야 한다. 바라지 않았던 상황을 불평하는 대신 그 일의 좋은 면을 보고 그 점을 넓혀 나가기 위해 자신이 할 수 있는 일을 만들어내자. 이때 직장은 품삯을 벌기 위한 노역의 장을 넘어 자신의 능력을 보여주고 재능을 활용할 수 있는 즐거운 놀이의 장으로 바뀐다. 호모 루덴스, 인간은 스스로 주도적으로 놀이를 즐길 줄 아는 동물이다.

*

    절실한 욕망은 그러므로 흐르는 대로 놓아두어야 한다. 깊은 내부로부터 흘러나와 감동으로 휘몰아치는 욕망을 받아들임으로써 자랑스러운 자아를 발견하게 된다.

    다른 누군가가 되려고 해서는 안 된다. 다시 자신으로 되돌아오는 회귀는 바로 일상에서부터 시작해야 한다. 마음이 흐르는 대로 하고 싶은 것을 찾아 모든 시간을 그것에 소모해야 한다. 인생은 그렇게 만들어지는 것이라고 믿는다. 그때 자신의 삶이 무엇이었는지 비로소 말할 수 있게 된다.

*

    그러나 가장 강력하고 지속적인 행동의 동기는 욕망이다. 하고 싶은 마음인 것이다. 욕망이 없이 우리는 무엇도 해낼 수 없다. 그러므로 욕망은 좋은 것이다. 우리를 살아있게 하는 힘이다. 욕망을 잃어버리는 날 우리도 죽는다.

    욕망에는 끝이 없다. 그것은 태양처럼 거의 무한한 에너지를 가지고 있다. 이 강력한 에너지를 내 삶에 사용하려면 적절히 운영하는 것이 가능해야 한다. 예를 들어, 건강하게 오래 살고 싶은 욕망을 가지고 있다면, 식탁에서의 식욕을 줄여 과식을 막아야 한다.

욕망의 불길을 키우기도 하고 줄이기도 하는 통제력을 가지는 사람이 바로 자기여야 한다. 그 권리를 타인이 가지고 있어서는 안 된다.

*

자신의 과거와 경쟁하라. 다른 사람과의 경쟁은 언제나 우리를 불편하게 한다. 그러나 자신의 과거와 경쟁하는 것은 적을 만들지 않고, 스스로 나아지는 방식이다. 승리하면 스스로 기뻐할 수 있고, 아무에게도 상처를 주지 않으며 모든 이들의 찬사를 받을 수 있다. 가장 어려운 싸움은 자신과의 싸움이며 가장 가치 있는 진보는 자신의 어제보다 나아지는 것이다. 적은 없고 추종자가 많아지는 승리처럼 운 좋은 성과는 없다.

*

우리는 순간마다 다릅니다. 이 글을 쓰고 있을 때의 나와 어제 식당에서 게장을 먹고 있었던 나는 다릅니다. 어느 것이 정말 나냐고 묻지 말았으면 합니다. 그 모든 것이 다 나입니다. 나는 순간마다 다르고, 그 모든 순간이 모여 바로 나의 인생이 됩니다.

강물이 늘 넘실대며 변함없이 흐르지만 한 지점을 지나는 강물은 늘 새로운 물입니다. 그래서 우리는 같은 강물에 두 번 들어갈 수 없습니다. 그러나 강물 전체를 보면 늘 아름다운 모습 그대로 변함없이 흐릅니다.

나는 내 인생이 그렇기를 바랍니다. 늘 새로운 물이 흐르는 변함없는 강물 같기를 말입니다. 고여있는 물은 결코 강물이 되어 흐르지 못합니다.

*

꼭 다른 일을 하고 새로운 일을 찾아가야 삶이 새로워지는 것은 아니다. 같은 일을 새로운 시선과 새로운 방법으로 하는 것도 개혁이다. 미지의 것을 발견하는 것만이 새로운 발견이 아니다. 똑같은 대상을 바라보는 시선을 바꾸는 것도 훌륭한 삶의 재발견이다.

회사에서 하는 일이 매일 똑같은 일의 반복이라 생각지 마라. 다람쥐처럼 통 속에 갇혀있다고 생각지 마라. 매일 뻔한 일들이 주어지고 이제 더 이상 인생에서 모험은 없다고 생각지 마라.

매일 만나는 그 사람들의 다른 면을 발견하는 순간, 그들은 전혀 새로운 사람으로 바뀌게 된다. 어제 만났던 사람이 오늘의 그 사람이라고 여기지 마라. 어제의 내가 오늘의 내가 아니듯, 어제의 그들이 오늘의 그들이 아니라는 가능성을 항상 열어두라.

*

자신이 늙었다고 생각될 때, 그리하여 한없이 처량하고 무기력해질 때, 다음과 같은 몇 가지 충고를 진심으로 따라보는 것도 좋다.

첫째, 학생으로 계속 남아 있어라.
배움을 포기하는 순간 우리는 폭삭 늙기 시작한다.

둘째, 과거를 자랑하지 말라.
옛날이야기밖에 가진 것이 없을 때 당신은 처량해진다.
삶을 사는 지혜는 지금 가지고 있는 것을 즐기는 것이다.

셋째, 젊은 사람과 경쟁하지 말라.
대신 그들의 성장을 인정하고 그들에게 용기를 주고
그들과 함께 즐겨라.

넷째, 부탁받지 않은 충고는 굳이 하려고 말라.
늙은이의 기우와 잔소리로 오해받는다.

나섯째, 삶을 철학으로 대체하지 말라.
로미오가 한 말을 기억하라.

"철학이 줄리엣을 만들 수 없다면…
그런 철학은 꺼져 버려라."
(내가 아주 좋아하는 말 가운데 하나다.)

여섯째, 아름다움을 발견하고 즐겨라.
약간의 심미적 추구를 게을리하지 말라.
그들과 음악을 사랑하고, 책을 즐기며, 자연의 아름다움을
만끽하는 것이 좋다.

일곱째, 늙어가는 것을 불평하지 말라.
가엾어 보인다.
몇 번 들어주다 당신을 피하기 시작할 것이다.

여덟째, 젊은 사람들에게 세상을 다 넘겨주지 말라.
그들에게 다 주는 순간 천덕꾸러기가 될 것이다.
두 딸에게 배신당한 리어 왕처럼 춥고 배고픈 노년을
보내다가 분노 속에서 죽게 될 것이다.

아홉째, 죽음에 대해 자주 말하지 말라.
죽음보다 확실한 것은 없다. 인류의 역사상 어떤 예외도 없
었다.
확실히 오는 것을 일부러 맞으러 갈 필요는 없다.

그때까지는 삶에 탐닉하라. 우리는 살기 위해 여기에 왔다.

감사하며 살 수 있다면 좋은 인생 아닌가. 마지막 순간에 살한 점 피 한 방울 남기지 않고 닳고 닳은 뼈와 질긴 가죽만 달랑남기고, 새털처럼 가볍게, 바람에 날리듯, 편안한 비행을 할 수있으면 참 괜찮은 인생 아닌가. 먼 길을 가야 하는 저승사자도그 가벼움에 짐을 덜어 고마워할 것이다.

하루는 한 개의 꽃이다

모든 위대한 것이 다 나를 사로잡았기 때문에 나에게 고정된 우상은 없다. 나는 더 이상 선택하지 않는다. 이것이냐 저것이냐의 문제는 이미 죽어버린 고민이다. 나는 배치하고 연결한다. 이것도 하고 저것도 해본다. 또는 이것과 저것을 함께 접속하여 활용하는 방법을 찾아본다. 모든 것은 실험이다. 나를 실험해야 한다는 것을 알고 있다. 모험이고 탐험이다.

실패도 성공도 없다. 어쩌면 그런 단어들은 아무런 의미도 없는 것인지도 모른다. 끝없는 새로움으로 아침마다 다시 시작하는 것이 내 목적이기 때문이다. 내 하루는 한 개의 꽃이다. 새벽에 망울을 달고 이내 만개하여 밤이 되면 떨어지는 하루 꽃, 아주 새로운 하나의 유혹.

*

오늘 하루를 마치 인생의 마지막 날인 듯 살지는 못할 것이다. 오늘이 인생의 마지막 날이라고 가정한다면 이날이 얼마나 무겁고 바쁜 날이 되겠는가? 하고 싶은 일도 많고 마음에 걸리는 사람도 많을 것이다.

대신 오늘을 새로 받은 또 한 번의 아름다운 선물로 여기며 하루를 보낼 것이다. 햇빛이 쏟아지는 또 하나의 아름다운 하루. 이 아름다운 날 무엇을 할 것인가! 비가 시원히 쏟아지거나 눈빛으로 반짝이는 이 특별한 날이 어떻게 어제와 같을 수 있겠는가!

*

사람들이 걸어간 자리를 보면 발자국이 하나씩 점처럼 찍혀 있습니다. 발자국과 발자국 사이에는 늘 도약이 존재합니다. 오늘은 내 발자국과 같습니다. 오늘은 어제와 떨어져 있습니다. 내일은 오늘과 격리되어 있습니다. 연결되어 있는 것 같지만 발자국마다 도약이 있기 때문에 길을 걸을 수 있습니다. 발을 질질 끌며 걸으면 발자국과 발자국은 서로 연결되어 있을 것입니다. 새로운 발자국 하나를 찍지 못하면 한 걸음도 당당하게 앞으로 갈 수 없습니다.

간혹 하루가 다 지나가는데 오늘이라는 발자국 하나를 찍지 못한 날이었음을 알게 됩니다. 잘 걷지 못하는 사람처럼 어제의 발자국을 끌며 산 날이라는 생각이 들 때가 있습니다. 하루를 잘 보내지 못한 미안함에 젖는 날도 있습니다. 그때는 그냥 저녁에 기우는 햇빛이라도 즐기려고 해봅니다. 이미 해가 졌지만, 졌기 때문에 무엇이라도 하지 않을 수 없습니다. 그래서 가끔 저녁이 되어도 무엇인가를 시작합니다. 책을 읽기도 하고, 거리로 나가기도 하고, 책상에 앉아 글을 쓰기도 합니다. 저녁도 하루를 위한 아름다운 출발점이 될 수 있습니다.

*

　언제나 자신에 대해 깨어있어야 한다. 자신과 우정을 나눌 수 없는 사람은 누구와도 나눌 수 없다. 자신을 잘 모르는 사람은 인간을 이해할 수 없다. 그들은 결국 다른 사람이 규정하는 대로 살 수밖에 없다. 규정당함으로써 그들은 더 이상 자기 자신으로 남아있을 수 없게 된다. 살면서 그런 열중의 순간이 찾아오면, '지금이 바로 그때'라고 여길 수 있어야 한다. 그때를 놓치면 다시는 운명과 만날 수 없다. 그때 그 순간이 자신의 운명이 되도록 하여야 한다. 지금을 그대로 흘려보내는 사람에게는 '지금'이란 없다. 그저 '다음'이 있을 뿐이다. 현재가 존재하지 않기 때문에 그에게는 현실이 없다. 따라서 그는 살고 있는 것이 아니다. 많은 사람들이 현실 때문에 꿈을 이룰 수 없다고 말한다. 하고 싶은 일은 많지만, 현실이 그렇게 할 수 없게 한다고 말한다. 아니다. 잘못된 말이다. 지금 열중하고 있지 않기 때문에, 꿈을 이룰 수 없는 것이다.

*

삶은 추상적인 것이 아니다. 구체적이며, 매일 아침 눈을 비
비고 일어났을 때, 우리에게 주어지는 그것이 바로 삶이다. 그
것은 지금 주어진 물리적 시간이기도 하고, 우리가 생각하고 있
는 것 자체이기도 하다. 우리가 아침에 먹은 음식이기도 하고,
저녁에 좋은 사람과 나눈 빛깔이 아름다운 포도주이기도 하다.
마음속의 꿈이기도 하고, 잊혀지지 않는 추억이기도 하다. 슈퍼
에서 산 몇 마리의 코다리 명태이기도 하고, 스칠 때 얼핏 나눈
웃음이기도 하다

삶은 작은 것이다. 그러나 모든 위대함은 작은 것에서부터 시
작한다. 신은 세부적인 것 속에 존재한다. 일상의 일들이 모자
이크의 조각처럼 모여 한 사람의 삶을 형상화한다. 그러므로 우
리의 하루하루는 전체의 삶을 이루는 세부적 내용이다. 작은 개
울이 모여 강으로 흐르듯이 일상이 모여 삶이 된다.

그러므로 오늘이 그냥 흘러가게 하지 마라. 오늘은 영원히 나
의 곁을 떠나간다. 아쉬워하라. 어제와 다를 깃 없이 보내버린
오늘이 어둠 속으로 사라져 버리는 것을 참으로 가슴 아프게 생
각하라.

*

　하루는 긴 시간이다. 언제나 일상 속에서 가장 손쉽게 지나가
버리는, 그리하여 가장 짧은 시간 단위가 되어버린 하루는 사실
매우 긴 시간이다. 우리는 하루하루 살다 보면 어느새 일 년을
쓰게 되고 다시 일 년을 보탠다. 그렇게 십 년이 흐르고, 몇 번
반복하여 늙고 만다. 하루가 짧으면 인생도 짧다. 좋은 하루를
자주 만들어 가질수록 인생도 그만큼 길고 풍요해진다. 기차가
따라 달리던 길게 흐르는 강물처럼 그렇게 산 인생은 그 주위에
풍부한 사색과 정감과 기억을 남긴다. 중복된 하루밖에 가지지
못할 때 우리는 펼쳐볼 자신의 삶을 가질 수 없다.

*

　나도 식물처럼 고도의 전략을 강구해보기로 했다. 그래서 내
마음속에 다음과 같은 전략을 써두었다. 결국 사람들은 자신의
방식으로 배우게 마련이다.

　"스스로 정정한 나무가 되어야 한다. 사람들이 그 그늘에서
쉬고 그 나무를 부러워하게 해야 한다. 그래야 그 나무의 열매
를 가져다 심고 싶어 할 것이다. 스스로 좋은 나무가 되는 것은
좋은 씨앗을 만들어내는 유일한 방법이다. 그러므로 훌륭한 하

루를 보내도록 해야 한다. 날마다 하고 싶은 일을 하고, 시간이 쓰일 곳을 마음대로 배분하며, 그 일의 가치가 빛나는 일을 하고, 스스로의 삶을 즐겨라. 삶 자체가 유혹이 되게 하라."

*

사람이 살아가는 것도 이와 같다. 그러므로 우리는 인생의 추상적 의미를 알아내려고 애쓸 필요가 없다. 인생은 구체적인 것이다. 어느 누구도 대신 살아줄 수 없으며, 되풀이되는 것도 아니다. 그러므로 지금 이 순간에 당신에게 주어진 것이 바로 당신의 인생이다. 지금 이 순간은 바로 도전이며 당신이 풀어야 할 과제다.

그러므로 당신은 인생이 무엇인지 묻지 마라. 그 대신 인생으로 하여금 당신에게 인생이 무엇인지 묻도록 해야 한다. 임종의 자리에 누워 당신은 인생에게 당신의 삶이 어떠했는지 이야기해야 한다. 누구와 함께 살아왔으며, 무슨 일을 했는지, 그리고 그때 그 일은 참으로 잘한 일이고, 그때 그 일은 두고두고 가슴 아픈 후회였다고 말해야 한다. 이 구체성이 바로 당신의 인생이며, 광대무변한 우주 속에서 오직 당신만이 가지고 있는 유일무이함이다.

*

삶을 꾸려가는 강령 일곱 가지

1. 생긴 대로 살아라. 멋대로 살라는 말이 아니라 자신의 기질에 가장 잘 어울리는 행동을 하라는 뜻이다. 마흔이면 몸과 얼굴에 살아온 날들이 투영된다. 그러므로 몸과 얼굴을 자신이 살아온 좋은 날들로 채워라.

2. 학생으로 계속 남아라. 나이 듦의 최대 약점은 '이 나이에 어찌 시작하랴'라는 곁늙음이다. 마흔 살에 중늙은이를 자처하는 사람들이 있다. 마흔은 가을이 아니다 마흔은 아직 무더운 여름이다. 인생의 절정에서 배우지 않는 게으름은 유죄다. 인생은 배울 것이 많은 학습장이다. 영원히 학생인 자만이 즐길 수 있다. 호기심의 끈을 놓치면 그때부터 바싹 늙고 만다.

3. 과거를 그리워하거나 자랑하지 마라. 왕년은 없다. 역사는 자랑하기 위해 있는 것이 아니다. 역사는 오늘의 문제를 풀기 위한 지혜로 존재하는 것이다. 과거에 기초해 정체성을 만들어내서는 안 된다. 잠재성 또한 나의 정체성을 결정해야 한다. 잠재성이란 단순한 가능성이 아니라 이미 현실의 영역으로 들어와있는 현실의 한 부분이다. 내면적 잠재성의 구현을 통해 우리는 나아질 수 있다. 남아있는 날들의 잠재성에 몰입하라.

4. 젊은 사람들과 밥그릇을 놓고 경쟁하지 마라. 초라해 보인다. 그러나 젊은 사람들에게 세상을 다 넘겨주지도 마라. 인생의 어느 시점이든 특유의 찬란함이 있게 마련이다. 먼저 존경받는 선배가 되어라.

5. 리스크를 지고 살아라. 예측된 위험을 피하지 마라. 모험이 없는 인생은 재미없다. 인생을 살다 보면 예기치 않은 일들이 일어난다. 때로는 풀어야 할 문제이고, 골치 아픈 일이기도 하다. 그러나 이 예기치 않은 일은 신의 선물이다. 지루한 일상에 던져진 신의 수수께끼이며, 화두이며, 짓궂은 장난이다. 특히 사람에 대해서는 위험을 감수하고 믿어주는 것이 좋다.

6. 삶을 관조와 관찰로 대체하지 마라. 유감스럽게도 가장 조신하고 사려 깊은 중년들에게 잘 나타나는 현상이다. 삶과 조금 격리되어 삶을 관조하는 조용한 옵서버가 되지 마라. 삶은 뜨거운 것이다. 살아봐야 삶이 된다. 삶을 사랑하라. 헉헉거리며 사랑하라.

7. 자연과 하나가 되어라. 자연은 아주 지혜로운 파트너다. 사연과 격리되어 자연을 설명할 수 있다고 생각하지 마라. 그대신 자연과 하나 되는 연습을 하라.

*

　우리가 질타하는 것은 한두 번의 선택이 어쩔 수 없이 현실에 매인 차선의 것이었다는 점이 아니다. 문제는 현실만이 언제나 선택의 유일한 기준이 되었다는 점이다. 현실에 매일 수밖에 없다고 믿는 우리의 생각과 태도가 결국 우리의 인생 전체를 최선이 아닌 길로 몰고 가고 있는 것이다.

*

　인생은 소모하는 것이다. 긴 여행 끝에 평평한 등을 가진 낙타처럼 모두 쓰고 가는 것이다. 죽음이 우리에게서 빼앗아 갈 수 있는 것은 늙고 추레한 껍데기밖에 없도록 그렇게 살아야 한다. 40킬로미터가 넘는 긴 마라톤 경기의 결승점을 통과한 선수에게 아직도 뛸 힘이 남아있다면 경기에 최선을 다한 것이 아니다. 세상에 모든 것을 쓰고 남겨놓은 것 없이 가야 하는 것이 인생이다.

*

　항해 자체가 인생이다. 그것이야말로 비옥한 정신적 토양이다. 사는 동안 생명을 모두 소진하게 되므로 죽음이 찾아왔을 때 완전히 비어있는 나를 발견하게 될 것이다. 죽음은 나로부터 아무것도 빼앗아갈 수 없으리라.

*

판도라의 마음상자 뚜껑이 열리고 가장 먼저 튀어나와 세상을 점령한 것은 '시간'이다. 인간이 시간을 알게 되자, 유한해졌다. 영원히 살 수 없는 필멸의 운명이 되고 말았다. 올림포스의 신들은 판도라를 통해 세상에 시간을 풀어놓음으로써 인간에게 검은 죽음을 선물했다. 따라서 삶이 시작하는 순간, 죽음도 시작하게 되었다. 그러나 인간은 단명한 삶 속에서 늙어가고 이내 사라지는 비극 속에서조차 신들이 질투할 만한 삶의 방식을 찾아내려 애썼다. 끝날 수밖에 없기에 더욱 절절하고, 사라지기에 더욱 아름다운 몰입과 황홀을 찾아낸 것이다.

*

세상을 떠나면서 남은 배우자에게 약간의 재산을 남겨두는 것은 위안이 된다. 피곤한 몸을 쉬며 아이들을 키웠던 오래된 집 한 채 정도 남기는 것은 좋다. 그리고 약간의 저축을 남기는 것도 좋다. 그보다 더 많이 남기기 위해 부산을 떨어야 할 이유가 없다. 하고 싶은 일에 인생을 다 걸고 살다 죽으면 된다. 그리하여 초라하고 노쇠한, 아까울 것 없는 껍질을 벗고 참으로 자유로운 영혼이 되어 별빛 하나로 밤하늘에 달리면 된다.

*

죽는다는 것은 별로 두렵지 않은데, 누군가를 남겨 두고 떠나야 한다는 것이 아픈 일입니다. 오래도록 함께 살다 홀쩍 하나가 떠나고 나면 혼자 외롭고 아픈 몸으로 하루를 맞는다는 것이 어떨까 생각해보았습니다. 나이가 들어 감정이 무뎌지고, 기억이 좀 흐려지고, 몸이 예전처럼 날렵하지 못하고 늘 조금씩 어딘가 아프고 불편하다는 것이 어쩌면 다행이라는 생각이 들었습니다. 세상을 떠나기에는 괜찮은 조건처럼 여겨졌습니다. 이곳이 너무 아름답고 아직 육신이 젊고 정신이 맑으면, 떠남이 더 아쉽고 짠하지 않을까 하는 생각이 들었습니다.

물론 아직도 건강하게 살다 자는 듯이 떠나기를 바라고 있습니다. 그러다 죽는 사람이야 그게 좋겠지만 남은 사람은 어떨까 하는 생각이 들었습니다. 그래도 죽기 전에 한 달 정도는 생과 정리하고 작별할 시간이 있었으면 좋겠습니다. 죽음과 함께하는 한 달간의 여행을 통해 살면서 못다 한 생각들과 사연들과 위로들을 축복처럼 남기고 가고 싶다는 생각이 들었습니다.

떠나기 전에 평생을 지니고 다니던 이승에서의 커다란 가방을 열면 곳곳에서 가지가지 사연들이 그때의 낡은 포장지 속에 들어있는 것을 발견하게 됩니다. 뭐가 들었는지도 모르면서 낡고 오래된 종이를 열고 속을 들여다보면 그때 그 장면들이 그때의 감정들로 되살아나곤 합니다. 다른 먼 여행을 혼자 떠나야 하기 때문에 이런 모든 것들을 깨끗하게 정리하여 남겨두고, 다시 빈 가방을 들고 떠날 채비를 하면, 또 다른 여행이 기대될 것도 같습니다.

*

아침 안개 속으로 해가 떠오릅니다. 진홍색 해가 정말 동그랗습니다. 안개는 무엇을 가리는 것만은 아닌가 봅니다. 보통 때는 쳐다보지 못했던 너무도 빛나던 것을 안개 너머로는 잘 볼 수 있습니다. 가림으로써 더 잘 보게 만들 수도 있나 봅니다.

눈부신 것을 볼 때는 안개 속에 있어야 합니다. 살면서 제대로 볼 수 없었던 눈부신 것이 무엇인지 생각해보았습니다. 그리고 보통 때는 우리를 미망에 빠뜨리는 안개와 같은 것이 무엇인지도 생각해보았습니다. 그리고 어느 때, 우리를 헤매게 만들었던 것이 돌연 그동안 보지 못했던 빛나는 것을 자세히 관찰할 수 있게 만드는 조건으로 변하는지도 생각해보았습니다.

'나'라는 것은 그동안 너무도 빛나는 주제였기에 잘 들여다볼 수 없었는지 모릅니다. 내가 정말 바라는 것이 무엇인지조차 알지 못하는 무지는 우리를 당황하게 합니다. 온통 도처에 '이

건 내가 바라던 것이 아니야'들만 즐비합니다. 그러나 '정말 내가 바라던 것'은 나타나지 않습니다. 그러다, 우연히, 어느 날, 그 방황과 초조와 절망 사이로 붉은 해처럼 떠오르는 빛나는 것이 있습니다. '아, 이것이 내가 정말 바라던 것이야'라고 외치게 만드는 그런 운명 같은 것이 떠오릅니다. '내 길'은 방황과 모색이라는 안개 속에서만 뚜렷이 보이는 것이 아닐는지요.

*

인간은 이 운명에서 저 운명으로 부름을 받는 것,
부름이 끝나 한곳에 머무는 순간
삶은 저녁처럼 저문다.
그러니 풍랑과 폭우를 두려워할 일이 아니다.
그것은 떨림의 기쁨으로 우리를 살게 하는 것이니.
풍랑이 내던져놓은 새로운 운명의 해변에서
폭우가 지나간 하늘은 다시 푸르게 살게 하나니.
모든 죽음은 영원한 평화, 그러니
살면서 아무 일 없는 무풍의 권태를 참지 마라.
떠나지 못한 모험은 삶에 대한 쓰라린 모독이니.

*

　자신을 물끄러미 바라보는 오늘, 참으로 눈부신 하루가 앞에 있어요. 아름다운 기도문 하나 알려 드릴게요. 내가 여행을 다니던 일 년간 계속 외던 기도였죠.

　"사람들이 살아가는 차이를 제가 깨닫게 해주십시오.

　그 차이를 통해 저 또한 자유롭게 되도록 도와주십시오.

　변화시킬 수 없는 것은 받아들이게 해주십시오.

　그러나 변화시킬 수 있는 것은 주저함 없이 바꿀 수 있게 해주십시오.

　그리고 변화시킬 수 있는 것과 그렇지 않은 것을 구별할 수 있는 지혜를 주십시오."

좌절이 깊어야 성공이 빛난다

나는 비관적인 상황 속에서 곧잘 낙관적인 정신적 전환에 성공한다는 것을 알고 있다. 아마 이것이 나의 강점 가운데 하나일지 모른다. 문제가 생기는 것을 원하지 않지만, 문제에 끌려다니는 것을 더욱 싫어한다. 나는 문제를 일상에 던져진 예기치 않은 모험과 도전으로 인식하곤 했다. 해결할 수 있는 방법을 찾다 보면 새로운 단면과 만날 수 있다. 최선의 해결책에 도달하는지는 별로 중요하지 않다. 문제가 던져주는 여러 상징을 해석하고 가능한 여러 해결 방법 가운데서 내게 적합한 방법 하나를 찾아내는 것이니까. 물론 모든 문제가 다 풀리는 것은 아니다. 문제를 안고 살아야 하는 경우도 많다. 그러나 그게 무슨 대수겠는가. 안고 살면 되는 거지.

*

실패에 대해 과도한 책임을 묻는 관행도 버려라. 무사안일과 태만한 실수는 엄중하게 책임을 물어야 한다. 그러나 잘해보려다 안 된 실패는 오히려 권장되어야 한다. 새로운 시도는 실패를 두려워하지 않는 기백에서 나온다. 좌절이 깊어야 성공이 빛난다. 실패는 성공에 의미를 부여한다. 휴먼 드라마가 늘 매력적인 이유는 성공 속에서 실패를 즐길 수 있기 때문이다.

*

낡은 언어를 버리고, 나에 속하지 않는 것들을 차용할 때 드는 비용을 버리고, 본질이 아닌 허영이라는 껍데기를 버리면 비로소 단출하게 시작할 준비가 되는 것이다. 이것이 세 가지 버릴 것이다. 이렇게 시작한 사람은 먼 길을 갈 수 있다. 중간에 짐이 무거워 쉬지 않아도 되고, 길을 잘못 들어 되돌아가지 않아도 된다. 시간이 흐를수록 단단하고 건실한 뿌리를 현실 속에 깊이 내릴 수 있다.

*

그리해 나는 알게 되었다. 변화할 때는 두려움을 즐겨야 한다는 것을. 그것은 일종의 흥분이며, 삶의 엔도르핀이며, 살아있는 떨림이라는 것을. 일이 꼬이면, 비로소 어떤 기막힌 스토리가 나를 찾아오려는 조짐이라 생각하라. 가난이 두려워질 때는 십년을 기약하라. 한두 번의 실패나 실수로 불운의 예감에 시달릴 때는 성패는 이미 쓰여있다는 진리를 믿으면 마음의 평화를 얻을 수 있다. 반대로 일이 계획대로 잘되면, 떠날 때가 되었다는 것을 알면 된다. 인생은 봄처럼 짧다. 인생을 잘 사는 법은 하고 싶은 일을 하며 사는 것이다. 그러니 그렇게 하면 된다. 두려움은, 두려움에 대한 두려움으로만 증폭된다.

*

일이 피하고 싶은 노역밖에 되지 못할 때, 우리는 결국 지치고 맙니다. 뿌리를 뽑지 못하고 지치게 되면 이내 밭은 잡초로 뒤덮이게 됩니다. 잡초 무성한 밭을 보고 있으면 어찌할 수 없어 속상하고 부끄러워집니다. 가끔 어느 순간의 삶이 그럴 때도 있습니다. 그땐 한구석에 얼른 앉아야 합니다. 그리고 바로 눈앞에 보이는 잡초 하나를 골라 그 뿌리까지 내려가 깊숙이 손을 넣어 천천히 당겨 뽑아 주어야 합니다. 손맛을 즐기다 보면 바로 앞의 한구석은 말끔한 밭이 됩니다. 거기가 교두보입니다. 거기서부터 시작하면 다시 멋진 밭을 가질 수 있습니다.

뿌리를 뽑을 때는 아직 잡초가 어릴 때를 놓치면 안 됩니다. 키가 크면 뿌리도 깊어집니다. 잡초도 어렸을 때는 눈에 잘 띄지 않습니다. 화근으로 자랄 것처럼 보이지도 않습니다. 그저 연약한 초록색 식물처럼 보입니다. 그러나 눈에 띄기 시작하면 이미 온 밭에 다 퍼져 있게 됩니다. 이윽고 농작물과 뒤섞여 그것만 제거해 내기가 쉽지 않아집니다.

우리가 제거해야 하는 것들은 늘 우리가 보호하려는 것 속에 숨어 버립니다. 그래서 없애기가 그렇게 어려운가 봅니다. 담배는 습관 속에 숨고, 과음은 유쾌함 뒤에 숨고, 과식은 맛 속에 숨고, 탐욕은 꿈속에 숨습니다.

*

역설적이게도 퇴출이란 제2의 직업을 선택하게 하는 가장 보편적인 형식의 기회다. 그것은 우리 마음속에 들어앉아 있는 게으름을 쫓아내기 위한 아픈 채찍이고 변하지 않으려는 사람들을 위한 극약 처방이다. 내가 지나치게 머뭇거렸기 때문에 그들이 내 등을 떠밀어버린 것이다. 이제 나는 허공을 떨어져 내리고 있다. 이제 적당한 곳에서 패러슈트를 펴기만 하면 된다. 그러면 나는 스카이다이버가 되어 새로운 세계를 유유히 즐길 수 있게 될 것이다. 만약 등에 진 패러슈트를 펼 수 없다면 나는 땅에 부딪혀 박살이 날 것이다. 그들이 나를 죽인 것인가? 아니면 내가 나를 죽인 것인가?

*

어제는 느지막하게 산에 갔다가, 내려오는 길에 폭우를 만났다. 내가 걷던 좁은 길이 금세 물길로 변하고, 흙탕물이 작은 급류를 이루어 흐르는데, 발 디딜 틈도 없어 그저 물속을 질퍽거리며 긴 길을 따라 내려왔다. 온몸은 다 젖고, 숲은 빗방울 떨어지는 소리로 요란한데, 내 영혼은 바람과 빗물에 온몸을 흔들어 춤추는 잎처럼 즐거웠다. 그러고 보니 모든 나무가 들고일어나 머리를 풀어헤치고 격렬하게 몸을 흔들며 춤추는 듯했다. 나도 춤추듯 걸었다. 갑작스러운 소나기처럼 여름다운 것은 없으며, 그것처럼 당황스러운 것도 드물지만, 일단 젖고 보면 그것처럼 즐거운 하나됨이 없다. 나는 너를 비처럼 받아들여 흠뻑 젖을 것이다. 너는 나를 나무처럼 춤추게 하라. 그리하여 우리는 비 온 뒤의 숲처럼 되자.

*

많이 웃고 많이 감탄하도록 해라. 그럭저럭 꾸려가는 인생은 늘 질척이게 마련이다. 걱정하고 불안해한다고 미래가 밝아지는 것은 아니다. 비 오면 비를 맞고 해가 나면 햇빛 속을 걸으면 되는 것이다. 그런 여행이 재미있고 아주 많은 즐거운 이야기로 가득하게 된다. 다른 사람과 다른 이야기를 많이 만들어낼수록 그 사랑은 특별한 것이다. 사랑이 아닌 것들이 사랑을 죽이게 하지 마라. 광주리에 가득하게 과일을 딸 때 그 인생의 추수가 또한 즐거운 것이다. 한때 우리를 당황하게 했던 일들이 어느 날 우리의 삶을 지켜준 기둥들임을 알게 될 것이다.

*

삶은 늘 불안정한 것이다. 어쩌다 이쪽으로 경도되어 균형을 잃고 살다 보면 다시 그 반대의 것이 그립고, 그리해 그쪽으로 몸을 움직여 균형을 잡으려는 이 불안정한 움직임이 바로 삶이 아닌가 한다. 시몬 드 보부아르는 그래서, "매 순간 형평을 잃고 다시 정상을 회복하려는 불안정한 체계, 이것이 바로 삶"이라고 명명했다.

*

인생에는 반전이 있다. 어두운 밤 손전등을 들고 열심히 뒤지며 이익이 될 만한 것을 구해도 찾아오지 않을 때가 있다. 그러나 문득 그 전등을 자신에게 비춰보면 밖에서 찾을 게 아니라 안에서 찾아야 함을 알게 된다. 밖에 투자할 일이 아니라 자신에게 투자해야 함을 깨닫게 된다. 사람 능력은 천차만별이다. 그러나 자신을 잘 들여다보고 계발하면 한 분야에서만은 관중 같은 사람이 될 수 있다.

지금 하는 일을 가장 아름답게 처리하는 비법이 있게 마련이다. 지금 하는 일을 즐기고 잘하게 될 때 대가가 될 수 있다. 대가는 한 분야에서 다른 사람이 갖지 못하는 시야를 확보한 사람이다. 이때 인생의 반전이 이뤄진다.

*

　즐길 수 있고 굶지 않으면 그것으로 이미 괜찮은 일이다. 서울에 살며 원하지 않은 일을 하며 그럭저럭 사는 것보다 못하다고 절대로 말할 수 없다. 모든 사람이 이것을 견뎌내지는 못한다. 그러나 어떤 사람들은 다른 사람들이 견디지 못하는 것을 즐길 수 있다. 나는 이것을 그 사람만이 가지고 있는 '정신적 자원'이라고 부르고 싶다. 성공을 하기 위해서는 성공을 만드는 능력도 중요하지만, 때로는 세상이 실패라 여기는 것을 견디는 능력도 중요하다. 마찬가지로 어떤 사람은 물질적 자원과 유산을 성공을 위해 활용하지만, 어떤 사람들은 자신의 정신적 여유와 색다른 시각을 통해 보람과 의미를 만들어내기도 한다.

*

　나는 내가 어둠과 빛을 동시에 가지고 있는 사람이라는 것을 받아들여야 했다. 도전이란 할 수 없는 것을 하는 것이 아니다. 그것은 매번 다른 실패를 딛고 나일 수밖에 없는 길로 운명적으로 들어서는 것을 말한다. 첫 번째 도전은 실패를 이기는 것이다. 두 번째 도전은 실패를 마음에 담아두지 않는 것이다. 세 번째 도전은 매일 실험을 즐기는 것이다. 이때는 이미 실패도 성공도 사라진다. 여행을 즐기는 자는 끝없는 호기심으로 새로운 세계에 탐닉한다. 그들은 춤추듯 즐거운 하루를 보낸다.

*

방황을 할 때는 당장 그날 무엇을 할 것인지 생각하되, 내일 무엇을 하는지는 묻지 말아야 한다. 미리 생각해둔 것에 매달리지 말아야 한다는 것을 깨달은 것이다. 특히 다음 세 가지는 결코 생각해서는 안 된다. 먼저 하나는 굶는 것을 걱정하는 것이고, 또 다른 하나는 미래가 어떻게 될 것인지에 대해 불안해하는 것이며, 마지막 하나는 다른 사람들이 나를 어떻게 생각할까를 염려하는 것이다. 그래도 정 걱정이 떠나지 않을 때가 있으면 좀 유치한 방법이기는 하지만 주술을 걸어보았다. 서랍의 맨 위 칸에 1달러짜리를 넣어두고는 "여기 1달러가 있는 동안은 나는 빈털터리가 아니야"라고 말했다. 그러면 위로가 많이 되었다. 나는 그때 알게 되었다. 현재 처한 상황을 희극적으로 바라보면, 우리는 영적인 거리를 얻게 된다는 것을 말이다. 웃음과 유머 감각이 우리를 생활고에서 구해준다. 고생은 앞으로 언젠가의 영광을 더 빛내주는 어두운 배경이고, 빈곤은 내가 물질에 매이지 않는 자유로운 마음이 커져가도록 만들었다.

＊

　마흔이 넘으면 불운과 실수에 대하여 스스로를 용서하게 된다. 실패와 무능력과 비겁함은 비난받아야 할 죄에 대한 문제가 아니라 인간의 한계와 비극의 문제로 전환된다. 사회에 대한 분노와 강한 자에 대한 비난은 탄식과 슬픔이 된다. 겸손과 동정과 베풂은 이런 비극적 통찰에서 나온 변환이다. 이러한 자기수용은 자아통합ego-integrity으로 해석되기도 한다. 마흔 살은 융통성이 시작되는 나이이기도 하다. 동시에 어두운 곳에서 밝음을 보는 긍정적 지혜가 위로가 되는 시절이다.

＊

　살다가 힘이 들 때가 있다. 꼼짝할 수 없이 어느 막다른 골목에 갇히게 되었다고 여겨질 때가 있다. 혹은 벼랑 끝에 서있다고 생각될 때가 있다. 혹은 아주 많은 사람과 함께 어딜 가고 있는데, 어디로 가는지도 모르며 밀려가고 있다고 느낄 때도 있다. 다른 사람들은 이제 살 만해졌다고 말하지만, 가슴속으로 밀려드는 공허함을 어쩌지 못하는 때도 있다.
　그러나 과거에도 그곳에 서있던 사람들이 있었음을 기억하라. 아주 오래전에 얼굴도 모르는 어떤 사람들 역시 그곳에서 다시 살아 나왔다는 것을 상기하라. 그 이름을 알고 있는 유명한 사람 아무나 몇을 골라 그들의 과거를 한번 들춰 보라. 아마 대부분 유명해지기 전에는 상점의 점원이었거나, 외판원, 평범한 말단 직장인이었을 것이다. 그들 역시 자기를 평범하거나 그만도 못한 신통치 않은 사람이라고 생각했을 것이다. 그들 역시 희망과 좌절 사이를 오락가락했을 것이다. 인류의 역사는 평범한 사람들의 역사다. 평범과 비범 사이에 존재하는 것은 '어떤 변화'다. 역사가 인류 변천의 기록이듯, 개인의 역사 역시 변화의 기록이다. 성공한 사람들은 '어떤 날' 모두 평범에서부터 비범으로 자신의 인생을 바꾸어 놓았다. 평범과 비범 사이에 존재하는 변곡점이 바로 우리가 찾고 싶어 하는 포인트다.

5장

좋은 사랑은
인간을 깊게 한다

사랑은 인간이 자신의 한계를 넘어서는 대목이다. 그러므로 너는 한 사람이라도 깊이 사랑할 수 있는 청년을 사랑하게 해달라고 하늘에 빌어라. 모든 사람이 다 젊어서 사랑에 빠지는 것 같지만 그렇지 않단다. 깊이 사랑할 수 있다는 것은 각별한 신의 은총임을 잊지 말아라. 좋은 사랑은 인간을 깊게 한다.

아버지는 평범하지만 특별함을 간직한 분이셨다. 얼핏 어딘가 서투른 듯싶지만 자신만의 관점과 의견이 있고, 그 시선이 무척 따뜻했다. 느릿느릿 걸음을 걸어도 하루에 필요한 일을 하기에는 시간이 충분한 분이셨다. 그게 참 신기하고 편안했다.

아버지는 '새로운 쓰임을 보는 사람'이었다. 물건을 잘 버리지 못하는 편이셨는데, 불필요해진 잡동사니를 잘 모아두었다가 새로 필요한 것들을 만드는 데 사용하셨다. 창고에 있던 자투리 나무토막은 바퀴가 달린 화분 받침대가 되었고, 집의 울타리가 되었다. 낡아서 못쓰게 된 다트판은 가훈이 써진 방패가 되었다. 아버지가 그런 작업을 하고 있으면 그 모습이 무척 재미있어 보여서 나도 덩달아 따라해보곤 했다.

그처럼 한 사람의 가장 깊은 중심을 알아보고, 어디에 쓰일지 살펴 꽃처럼 활짝 피어나도록 도와주는 일은 아버지가 정말 잘할 수 있는 일이셨다. 아버지가 약간 엉뚱한 구석이 있는 나를 가장 잘 이해할 수 있었던 것도 내가 아버지와 닮은 면이 많은 이유도 있었겠지만, 아버지의 이러한 안목 덕분이었다고 생각한다. 덕분에 아버지는 나의 아버지이자 가장 좋은 친구였다.

또한 아버지는 다른 사람을 불편하게 하거나 당황하게 내버려두지 않았다. 잔소리로 들릴 수 있는 이야기는 예쁜 색깔의 도화지에 만년필로 손편지를 써서 전해주셨다. 그 안에는 스스로도 어렴풋이 느끼고 있는 부족함을 미워하지 않고 받아들일 수 있게 용기를 주는 조언들이 담겨 있었다. 나는 아버지의 편지를 통해 실수와 미숙함에서도 배울 점이 있다는 것을 알게 되었다.

아버지와 함께한 장면에는 우리 가족이 함께 보냈던 즐거운 기억들이 촘촘히 자리 잡고 있다. 대단히 특별한 활동이 아니더라도, 함께 마루에 누워 좋아하는 책을 읽던 시간, 〈쇼생크 탈출〉을 몇 번씩 보던 주말, 싱싱한 매실 꼭지를 함께 다듬던 초여름, 구운 생선과 야채가 있는 식탁에서 온 가족이 함께 밥을 먹던 날들, 산바람을 맞으며 와인을 함께 마시던 저녁… 이런 추억은 행복이 결코 멀리 있지 않다는 것을 지금도 속삭여준다.

그동안 내가 받았던 따뜻한 애정과 진지한 격려가 나를 지켜주는 생각과 마음이 자라는 데 좋은 바탕이 되어주었다는 것을 새삼 느낀다. 아직 아버지께서 보시기에 완전히 흡족한 딸은 아닐 것 같지만, 그래도 작년의 나보다는 약간 자랐다고 느낄 때가 종종 있다. 아버지는 나를 두고 '자신의 길을 찾아 장대한 모험을 온몸으로 헤쳐 나갈 수 있는 아이'라고 말씀하시곤 했다. 그러니 이 방향이라면 자신의 바다를 찾아 올바르게 가고 있는 셈일 것이다.

구해언
변화경영연구소 10기 연구원

좋은 사람보다 더 기쁜 것은 없다

수많은 형태의 사랑이 있지만 진실한 사랑의 공통점은 다른 사람의 기쁨 속에서 즐거움을 찾는다는 점이다. 사랑은 인간이 자신의 한계를 넘어서는 대목이다. 사랑은 그러므로 우리 속에 있는 신의 영역이다. 한 사람이라도 참으로 사랑해보지 못한 사람은 자기를 위해 다른 사람들을 이용하게 된다. 그러므로 너는 한 사람이라도 깊이 사랑할 수 있는 청년을 사랑하게 해달라고 하늘에 빌어라. 모든 사람이 다 젊어서 사랑에 빠지는 것 같지만 그렇지 않단다. 깊이 사랑할 수 있다는 것은 각별한 신의 은총임을 잊지 말아라. 좋은 청년과 깊이 사랑할 수 있기를 바란다. 좋은 사랑은 인간을 깊게 한다.

*

달이 예쁘지 않은 것은 아니지만 수많은 별의 희생 위에 빛나는 아름다움이라 싫다. 인간은 별과 같다. 수없이 많지만 하나하나 작은 우주다. 동양에서는 사람이 죽으면 별 하나가 떨어진다고 한다. 긴 별똥별 하나가 떨어져 내리면 우리는 모두 "아, 아, 저기, 저 별…" 한다. 환희 같기도 하고 한숨 같기도 한 놀람이다. 그러나 서양에서는 사람이 죽으면 별이 되어 하늘로 올라간다고 한다. 올림포스 산에 사는 제우스가 그를 어여삐 여겨 하늘에서 살게 한다. 떨어지든 올라가든 동양에서건 서양에서건 우리는 별이다. 우리의 삶이 아무리 고달파도 우리는 별인 것이다. 내가 해가 아니고 달이 아닌 것이 좋다. 그것이 없으면 세상이 망하는 그런 엄청난 존재가 아니라는 것이 행복하다. 다른 사람의 삶 위에 군림하는 사람이 아니고, 다른 사람과 더불어 살아가는 사람임이 좋다. 별처럼 많은 사람 중의 하나에 지나지 않지만 또 별처럼 빛나며 꿈꾸는 사람임이 좋다.

*

좋은 사람과 좋은 관계를 맺어라. 윤리적으로 문제가 있거나 부도덕한 사람과는 아예 엮이지 마라. 인생은 짧다. 좋은 사람과 즐거운 시간을 보내기에도 인생은 바삐 흐른다. 무엇 때문에 싫은 사람과 싫은 관계를 계속하며 시간을 낭비하는가?

*

좋은 사람에 대한 아주 멋진 기준 하나를 알고 있다. '내가 서고 싶으면 먼저 그 사람을 세워 주어라' 이런 가치를 믿는 사람이 좋은 사람이다. 다른 사람의 불행과 희생 위에 나의 성공을 쌓는 사람을 경계하라. 어떤 사람과 인생을 함께했느냐, 이것은 그 사람의 인생이 어떠했는지를 말해주는 가장 결정적 증거다.

*

우리는 의미의 빈곤 속에서 하루하루를 살고 있다. 이것을 나는 우리의 영혼이 건조하기 때문이라고 생각한다.

어둠 속에 있지만 빛나는 영혼들이 있어 더불어 아름다워지는 사회를 만들어내는 사람들. 우리는 이런 사람들, 속에서 희망을 본다.

*

삶의 어둠을 견디는 것은 각자의 몫이다. 고통 역시 개인의 몫이다. 각자에게는 자신이 짊어져야 할 짐의 무게가 있고 나눌 수 없다. 우리는 각자의 짐을 지고 인생의 길을 가고 있다. 친구들끼리 나눌 수 있는 것은 짐이 아니라 외로움이다. 혼자 그 긴 길을 갈 수 없기 때문에 자신의 짐을 각자 지고 함께 가는 것이다. 외로움은 함께 있으면 훨씬 낫다.

즐거움 역시 함께 나눌 사람이 있어야 한다. 즐거움은 그래야 커진다. 즐거움에는 무게가 없다. 그것은 깃털 같아서 하늘을 날 수 있다. 즐거움은 우리가 지고 가는 삶의 무게를 덜어준다. 친구이기 때문에 간혹 부담을 주기도 하고, 친구이기 때문에 그 부담을 당연히 받아들이는 경우가 종종 있다. 한두 번은 좋다. 그러나 한두 번으로 해결되는 어려움이란 별로 많지 않게 마련이다. 종종 반복되는 경우가 있는데, 그러면 십중팔구 관계가 멀어진다. 평생 가고 싶으면 늘 반갑고 그리운 관계가 되도록 애써야 한다.

*

바라건대 다른 사람들로부터 "당신과 함께 있으면 내가 더 나은 사람이 된 것 같습니다"라는 말을 듣고 싶다. 다른 사람들의 불운과 불행 위에 나의 행복을 쌓지는 않을 것이다. 이것이 바로 '변화'라는 주제 속에 내가 담아내고 싶은 인생이다.

*

운이 좋아지는 몇 가지 방법이 있다. 그중 하나는 아이가 되는 것이다. 아이에게는 세 가지 특성이 있다. 우선 이유 없이 즐겁다. 그리고 잠시도 쉬지 않는다. 마지막으로, 바라는 것은 꼭 이루고 만다. 그런데 자세히 들여다보면 이 셋이야말로 행운을 불러들이는 열쇠다. 늘 즐거워하고 무엇인가로 바쁘고 목표를 향해서 애를 쓰면 당연히 운이 따르지 않을까? 여기에 더해 다른 사람에게 도움을 줄 때는 보상을 바라지 마라. 그러면 언젠가 그 사람으로부터 예기치 않은 도움을 받을 때 '오, 내가 운이 좋네'라고 여길 수 있다. 그러니까 '주고 잊어라!'

또한 당장의 이익을 좇아 행동하지 마라. 그러면 그 순간에는 얻을 수 있을지 모르지만 미래에 운 좋은 사람이 될 수는 없다. 자신의 이익보다는 다른 사람에게 상처를 주지 않는 방향으로 의사결정을 하게 되면 잠깐 손실을 입을지 모르지만 언젠가 그 사람으로부터 도움을 받을 수 있다. 운은 당신이 뿌린 씨앗이다.

*

나는 평범한 인간 속에 살고 있는 위대함에 열광한다. 자신의 삶 속에서 그 위대함을 끄집어내어 훌륭한 인생을 살아가게 될 평범한 사람들의 잠재력에 몰두한다. 나는 평범하고 초라한 사람들이 어느 날 자신을 일으켜 세우는 위대한 순간을 목격하고 싶다. 나도 그들 중 한 사람이고 싶다. 그들이 꽃으로 피어날 때 그 자리에 있고 싶다. 이것이 내 직업이 내게 줄 수 있는 가장 아름다운 풍광이다.

*

직장에서 차이를 인정하고 우리와 좋은 관계를 맺고 싶어 하는 동료나 현명한 상사를 만난다면 커다란 행운이다. 이런 사람들을 당연한 것으로 받아들이면 안 된다. 일생에 단 한 번 마주치는 소중한 기회라 여기고, 그 관계를 축복처럼 여겨야 한다.

매번 이 사람들의 가슴속에 스스로를 비추어 보면서 그 모습이 매력적이도록 마음을 매만져라. 작은 흠집 때문에 이런 사람들을 쉽게 버려서는 안 되고, 오해를 오래 쌓아두고 스스로 마음속에서 화를 키워서도 안 된다. 아름다운 협주와 착 달라붙는 요리처럼 그 관계를 즐기고, 그 속에서 삶의 기쁨을 찾아내야 한다.

좋은 관계에는 마음과 정성을 다 바쳐라. 자신을 다하여야 전체 팀을 빛낼 수 있다. 좋은 관계는 아주 자연스럽게 자신보다 상대를 먼저 생각하게 만든다. 이때야말로 관계에 성공한다.

좋은 사람보다 더 기쁜 것은 없다. 좋은 사람을 만나러 갈 때는 걸음걸이마저 춤추듯 변하지 않던가.

＊

새는 나무를 가려서 앉고, 사람은 사람을 가려서 사귄다. 사람은 내 인생 최고의 선물이 될 수도 있고 재앙의 근원이 될 수도 있다. 좋은 만남은 우리의 영혼을 풍요롭게 하여 더 나은 사람으로 발전시킨다. 그러나 나쁜 만남은 설혹 상대에 탐닉하더라도 결국 비극을 향해 치닫게 된다.

상사 역시 마찬가지다. 적극적으로 다가가 친밀한 관계를 유지할 만한 가치가 있는 사람이 있고, 너무 가까이 가는 것을 경계해야 할 사람이 있다. 상사는 주어진다. 피할 수 없다. 그러나 상사에게 적극적으로 다가갈지 중립적 자리를 지켜야 할지를 결정하는 것은 우리의 몫이다. 여기에 거리의 미학이 있다. 사람 사이의 적정 거리, 이것이 관계의 핵심이다.

우리는 어떤 관계에서든 사회적인 약속을 요구한다. 예를 들어, 선배는 후배의 예의를 기대하고 후배는 선배의 포용을 기대한다. 상사는 복종을 기대하고 직원은 상사로부터 칭찬과 보상을 받고 싶어 한다. 스승은 제자에 대한 영향력을 음미하고 제자는 스승의 인정을 바란다.

*

어떤 상사를 만나게 되는가는 우연에 의해 결정되며 그 우연한 만남을 피할 길은 없다. 이미 나에게 주어진 일이기 때문이다. 상사와 잘 지내는 것 또한 내가 풀어야 할 필연적 과제다.

일단 '좋은' 상사를 만났다면 적극적으로 좋은 관계를 만들어라. 일로만 왕래하며 무난한 중립지대에 머물러있는 것은 어리석다. 평생에 한 번 만나기 힘든 사람들이다. 더 적극적으로 다가가고 붙들어라. 무난한 상사와는 공유할 수 있는 관심사를 만들어 가까워지도록 노력하자. 서로의 차이점을 활용하되 그 때문에 너무 신경을 쓰거나 피로해지지 않도록 조심하라. 의견을 구하고 회사에서 공통된 관심사를 함께 즐기는 거리까지 좁히는 것이 좋다.

　나쁜 상사와 나쁜 관계에 빠지는 것은 가장 피해야 할 일이다. 어떤 경우든 상사가 나의 적이 되게 해서는 안 된다. 최소한 무난한 중립적 관계를 만들어라. 나쁜 상사가 너무 다가오게 해서도 안 된다. 적절한 거리를 유지하라. 이미 나빠졌다면 적어도 무난한 중립적 관계까지는 회복해야 한다. 그래야 일을 통해 회사에 공헌하고 인정받을 수 있는 길이 열린다. 상사와의 관계 개선에 역점을 두고 관리해야 할 투자종목 1순위로 올려놓아라. 상사는 직장생활에서 가장 중요한 고객이다.

＊

인간관계를 부드럽게 하는 강령 일곱 가지

　인간이란 말 자체가 사람 사이의 관계를 의미한다. 사람을 잘 만나면 인생과 운명이 바뀐다. 어찌 고품격 처세술이 없겠는가.

1. 사람을 있는 그대로 받아들여라. 모든 사람은 좋은 점과 나쁜 점을 동시에 지니고 있다. 그러나 가능하면 불쾌한 사람과는 섞이지 않는 것이 좋다. 불쾌한 사람과의 만남은 시간과 돈과 에너지를 모두 잃고 긍정적 사고조차 잃게 된다.

기분 좋은 사람과 만나 어울리는 데도 시간이 모자라다. 그러나 피할 수 없는 사람이라면 편안하고 냉정하게 만나는 것이 좋다. 마치 한 달에 두 번씩 고장 나는 자동차를 산 열받은 고객이라고 생각하라. 결코 적으로 만들지는 마라.

2. 부탁받지 않았다면 충고하려 하지 마라. 공자가 한 말이 있다. '분발하지 않으면 알려주지 않고, 애태우지 않으면 말해주지 않는다 不憤不啓 不悱不發.' 아무 때나 나서서 훈계하고 조언하고 답을 알려주려 하지 마라. 젊은이들은 스스로 방황하고 틀릴 권리가 있다. 잔소리꾼은 선의를 갖고 있을 때도 가장 지겨운 존재다.

3. 현재의 관점에서 이해하라. 과거는 우리가 어떤 사람을 판단하는 중요한 기준이다. 그러나 과거에 지나치게 많은 비중을 두지 않는 것이 좋다. 과거에 누군가에게 가슴 아픈 짓을 안 해본 사람은 없다. 사람들에게는 많은 사연이 있고, 그때 그 상황에 처하지 않고는 정확하게 이해하기 어렵다. 더욱이 사람은 변한다. 직접 경험한 것이 아니라면 소문과 풍문으로도 다른 사람을 판단하는 것은 금물이다. 현재의 자세와 태도 그리고 전문성으로 판단하라.

4. 성과보다 존재에 고마워하라. 상대를 칭찬하는 것은 좋은 일이다. 그러나 칭찬의 힘은 경우에 따라 매우 다르다. 상대가 스스로 인정할 수 없는 칭찬은 불편한 일이고, 아부이며, 마음이 닿지 못하는 경박한 처세일 수 있다. 특히 동양적

문화는 '마땅한 일을 했을 때' 칭찬하지 않는다. 오히려 당연히 해야 할 일을 못 했을 때 비난하는 것이 보통이다. 다른 사람들의 인정과 관계없이 묵묵히 해야 할 일을 하는 성숙이 권장되어 왔다. 칭찬을 할 때는 성과에 대한 칭찬보다는 그 사람의 존재에 대한 칭찬을 해주는 것이 효과적이다.

5. 감정의 70퍼센트 정도는 표현하려고 애써라. 내성적인 사람도 있고, 외향적인 사람도 있다. 사교적인 사람도 있고 그렇지 못한 사람도 있다. 그러나 어떤 경우든 자신에게 맞는 표현 방법을 계발하는 것이 좋다. 웃음 하나로 고마움을 전하거나, 눈짓 하나로 공감한다는 것을 알려줄 수 있다. 수사학이 길 필요도 찬란할 필요도 없다. 소박하고 진솔한 표현이 훨씬 진지할 수도 있다. 중요한 것은 자기 감정의 3분의 2 정도는 자기답게 표현하는 비법을 터득할 필요가 있다는 것이다. 나머지 3분의 1은 마음속에 묻어두는 것이 좋다. 묻어두는 법도 반드시 터득할 기술이다.

6. 휴먼 네트워크를 만들어라. 많은 사람을 알면 좋지만 유지하는 데 그만큼 시간과 노력이 든다. 따라서 자신의 유지력 안에서 적절한 규모의 휴먼 네트워크를 만들어나가는 것이 중요하다. 특히 전문성을 공유할 수 있는 순수한 네트워크는 공들여 가꾸는 것이 좋다. 혼자 할 수 없는 수련과 정보를 나눌 수 있기 때문이다. 그러나 이해관계를 위한 고리는 너무 강하게 묶어두면 오히려 서로에게 부담이 될 수 있다

는 점을 명심해야 한다. 담합과 부패가 이 '끼리끼리'로부터 온다는 것을 이해해야 한다.

7. 들으면 친해진다. 묻고 잘 들어라. 내성적인 사람은 자신에 대해 절제된 말밖에 할 수 없으니 상대방의 관심사를 묻고 들으면 서먹한 대화가 잘 이어진다. 외향적인 사람은 혼자 떠들지 않기 위해서라도 상대방에게 관심사를 묻고 말할 기회를 주는 것이 좋다. 상대방이 하고 있는 일, 잘하는 일, 하고 싶은 일을 물어라. 그러면 신나게 말해줄 것이다. 자신이 떠드는 것보다 상대방의 말을 더 많이 듣는 것이 언제나 이문이 남는 거래다. 더욱이 다른 사람이 스스로 하고 싶은 말을 즐겨 떠들게 했으니 그 만남은 유쾌하게 남는다.

*

나는 직장생활과 관련된 여러 이야기를 네게 들려주었다. 하지만 네가 어디에 있든, 무슨 일을 하든 가장 중요한 것은 네가 누군가를, 또 무엇인가를 끊임없이 사랑할 수 있는 용기와 능력임을 잊지 말아라. 사랑에 빠지고 그 사랑을 지켜낼 수 있는 힘과 지혜가 인생을 살아가는 내내 너를 지켜주길 기도하마.

아버지들도 술만 마시는 게 아니고 아이들을 위해 아주 열심히 기도한단다. '이 아이가 당신의 뜻대로 쓰여 빛나게 하소서. 그리하여 자신을 모두 아낌없이 쓰고 가게 하소서'라고 말이다.

어느 날 네가 직장생활을 시작한 후 내게 사준 만년필이 너무 오랫동안 필통 속에 누워있는 것이 가여웠단다. 나는 내 오래된 노트를 꺼내 들었다. 그리고 만년필을 집어 들고는 노트 위에 이런 낙서를 하기 시작했지.

　사랑한다. 사랑한다.

　나보다 더 너를 사랑한다.

　내가 너를 사랑한 것이

　내가 이 세상에서 가장 잘한 일이구나.

　그렇구나. 사랑은 참 좋은 것이구나.

잘 어울린다는 것

잘 어울린다는 것은 무슨 뜻일까? 음이 어울려 음악이 되고, 색이 어울려 그림이 되고, 글이 어울려 책이 되는 것이다. 그래, 그렇다. 사람이 어울려 사랑이 되는 것이다. 그 사랑이 아름답다고 여겨지면 같이 있을 때가 홀로 있을 때보다 더 고와야 한다. 그러니 그 사람과 함께 있으면 내가 더 좋은 사람이 된 듯 여겨질 때 그 사랑은 빛나는 것이다.

그러니 늘 생각해라. 홀로 있을 때는 작아 보이다가도, 그와 같이 있으면 그로 인해 내가 크게 돋보이고 그 또한 그러하다면, 그 사랑은 잘 어울려 행복한 사랑이다. 그럴 때는 그 사랑을 믿고 따르도록 해라.

서로 사랑하지 않고 아름다운 사랑이 될 수는 없다. 부디 남자를 잘 고르도록 해라. 마음의 목소리를 들을 줄 알고, 너를 자신보다 아껴 사랑이 빛나게 하며, 스스로 가장 잘하는 것으로 유혹할 수 있는 남자는 사귀어 깊이 빠질 만하다. 그 외의 것들은 다 허상이다. 있으면 좋은 것들이나 그것에 기대지 마라. 허당이다. 기대는 순간 무너져내려 쓰러지게 될 것이다.

*

어렸을 때는 좋은 사람들에 관한 이야기가 좋았다. 아름다웠기 때문이다. 나쁜 사람들은 미워했다. 추하기 때문이다. 그러다가 나이를 먹어가면서 모든 사람의 이야기에 관심을 갖게 되었다. 모든 사람이 다 좋을 수 없다는 것을 알았고, 좋은 사람과 나쁜 사람이 따로 있는 것이 아님을 알게 되었기 때문이다. 나 역시 좋기도 하고 나쁘기도 한 사람임을 알게 되었다. 한 사람 속에 좋고 나쁨이 섞이고, 내 속에 여러 명의 내가 들어있다는 것을 알게 되었을 때 나는 사람에 대한 신뢰를 잃게 되었다. 그리고 사람들 속에서 부대끼는 것이 싫어졌다. 다 그렇고 그런 사람들, 좋은 옷, 좋은 차, 높은 지위에서 건들거리지만 도토리처럼 그만그만한 사람들 속에서 사는 일이 시들해지기 시작했다.

그러나 사람과의 만남을 피할 수 없었다. 사람 사는 것은 태반이 사람과의 만남이다. 얼굴을 직접 맞댈 때도 있지만 만남은 간접적일 때도 많았다. 책으로 만나고, 영화로 만나고, 음악으로 만나면서 나는 다시 사람들이 좋아졌다. 살면서 피할 수 없는 것이 사람과의 만남이라면 즐기리라.

사람들 이야기 속에서 나는 다시 사랑을 찾게 되었고, 연민을 찾게 되었으며, 분노를 보게 되었고, 관용을 찾게 되었다. 위대함을 보게 되었고, 훌륭함을 인정하게 되었다. 과거에 나는 얼마나 완벽한 훌륭함인가에 관심이 있었다. 흠 없이 아름다운 사람을 동경했다. 이제는 훌륭함 속에 존재하는 불완전한 것들의 고통을 보게 되었다. 불완전하다는 것, 그것이야말로 우리가 스스로 '어제보다 아름다운 나'를 만들어갈 수 있는 변화의 동력이었다. 겨우 인생의 맛을 알기 시작한 것이다.

*

　사랑하지만 집착하지 않는 훈련이 필요하다. 오직 관계만을 원할 뿐, 관계를 통해 다른 것을 원치 않을 때 그것은 순수한 사랑이다. 그러나 사랑은 종종 집착으로 이어진다. 사랑이 집착으로 흐르지 않게 막는 것은 참으로 어려운 일이다. 사랑은 쿨한 것이 아니기 때문이다. 자신을 사랑으로 가득 채우되 집착하지 않는 것, 이 어려운 존재방식이 인간 삶의 과제가 아닐까? 주어진 본성 속에서 개인에게 남겨져있는 그 선택에 따라 우리는 성자도 악한도 될 수 있다. 인간에게 주어진 선택지, 그 스펙트럼은 너무나도 광범위한 것 같다.

*

　인생은 어느 때나 멋진 배움으로 가득하다. 인연이 닿아 남편과 아내가 되고 부모와 자식이 되었으니 사랑할 수 있을 때까지 사랑하고, 사랑할 수 없을 때도 사랑하다 보면, 사랑으로 인생을 채울 수 있을 것이다. 아름다운 휴식처란 짧은 수영복을 입고 파라솔 밑 긴 의자에 편안히 앉아 시원한 맥주를 마시는 하얀 해변만이 아니다. 사랑이 있는 곳, 그곳이 바로 감동이 있는 인생의 휴식처다. 아내의 감탄, 남편의 감동, 이것이 바로 직장과 사회에서 소진된 에너지를 무한 리필할 수 있는 전원인 것이다. 세상에서 가장 아름다운 가정 하나 만들어내자. 이것은 세상을 탓하기 전에 내가 할 수 있는 가장 보람 있고, 위대한 프로젝트다. 더욱이 그것은 나만이 해낼 수 있는 아름다운 사업이 아닌가.

*

결혼하는 이에게 전하는 당부

하나는 싸움을 잘하라는 것이네. 부딪치지 않고는 조화할 수 없다네. 두 물결이 만나면 파도가 만들어지고, 두 손바닥이 마주치면 소리가 난다네. 바로 이것이 두 존재가 함께 존재하는 방식이라네. 하나가 늘 피하고 양보하고 눌러두면, 다른 사람에게는 편할지 몰라도 참는 사람에게는 질곡과 억압이지 않겠는가? 그것은 진정한 관계가 아니라네. 결혼이 아니라네. 그러니 하나의 사건을 놓고도 견해가 다르고 느낌이 다를 수밖에 없는 그 차이를 받아들이면서 서로 잘 어울리기 위해서는 창조적 불화가 있어야 한다는 것이 내 생각이네.

나는 이 불협화음을 튜닝이라고 부른다네. 서로가 서로에게 하나의 악기가 되는 것이네. 악기는 한 번 튜닝을 한다고 평생 쓸 수 있는 것이 아니지. 연주가 있을 때마다 늘 다시 튜닝을 하여 쓰는 것이네. 크고 작은 사건들이 생길 때마다, 마치 연주자가 튜닝을 하듯 서로의 감정과 생각을 조율하도록 하시게. 그렇게 해서 점점 서로의 악기가 되어가는 것이 나는 관계라고 생각하네. 많이 싸우시게. 그러나 악기를 거칠게 다루어서는 안 되네. 그것이 튜닝이라는 것을 잊지 말게. 결혼은 '관계라는 제단에 자신을 헌신하는 것'임을 늘 기억해주기 바라네.

또 하나는 결혼을 통해 서로 성장해야 한다는 것이네. 종종 결혼을 자유의 억압과 축소로 오해하는 경우가 있다네. 하고 싶은 것을 참아야 하고, 책임과 의무로 양어깨를 누르는 참담함으로 여겨지는 경우도 많다네. 그래서 시니컬한 사람들은 결혼한 신혼부부에게 "무덤에 온 것을 환영한다"라고 말하기도 한다네. 그러나 사랑은 상대를 축소시키는 것이 아니라네. 사랑은 상대방을 꽃피게 하는 것이라네. 결혼이 곧 사랑은 아니지만 사랑이 없이는 절대 이루어질 수 없는 것이 결혼이라네. 혼자 할 수 없는 일을 함께 해내는 것이라네. 상대방이 그 사람의 길을 가도록 도와주는 가장 훌륭한 스폰서가 되어주는 것이라네. 튜닝의 과정을 거친 후 비로소 그 악기는 연주할 준비가 되어 있으니 훌륭함은 그때 만들어진다네. 연주되지 않는 악기. 그게 무슨 의미가 있겠는가? 그러니 훌륭한 연주를 할 수 있도록 서로 도와주어야 한다는 것이네.

자신이 만일 하나의 악기라면 어떤 악기이고 싶은지 상상해보게. 어떤 음색, 어떤 방식으로 연주되는 악기인지 생각해보게. 그리고 상대가 어떤 악기인지 추측해보게. 그리고 어떤 악보에 따라 어떻게 서로 연주할 때 최고의 연주가 될 수 있는지 서로 잘 튜닝하고 연습하고 끝없이 연주하게. 그대들 두 사람의 삶을 지켜보는 우리는 음악회에 온 청중이네. 우리를 아름다운 선율로 감동을 주게. 그리하여 '브라보'라고 외치게 해주게.

*

결혼은 무엇일까? 신화학자 조지프 캠벨은 결혼이 연애와는 다르다고 했다. 결혼은 분리되어 있던 반쪽이 재회하여 다시 하나가 되는 것이라고 한다. 연애는 상대방에 대한 절망과 함께 끝나버리지만 결혼은 서로의 영적인 동일성을 인식한 두 사람이 분리된 생활을 접고 하나로 사는 것이다. 결혼은 결국 자기와 자기의 만남이다. 자기로 인해 맺어진 관계를 무엇보다 소중한 관계로 인식하지 않는 사람은 아직 진정으로 결혼한 것이 아니다. 결혼한 사람은 자신의 정체성을 부부의 관계 속에서 찾아야 한다. 결혼은 연애가 아니라 시련이다. 관계라는 신 앞에 바쳐진 자아라는 제물이 겪는 시련 말이다. 바로 이 관계 속에서 남녀는 비로소 하나가 된다.

*

나는 다툼이 없는 가정은 이상한 가정이라 생각한다. 누군가가 상대방을 꼭 쥐고 있어 다른 하나가 참기 때문에 생긴 껍질만 평화일 가능성이 크기 때문이다. 자신의 감정에 충실하고 서로 잘 이해하기 위해 불가피한 소통 과정이 바로 갈등과 다툼이다. 중요한 것은 다툼이 있더라도 상처를 주지 않는 기술이며, 빨리 화해하는 기술이다. 나는 이 기술을 '교전의 원칙'이라 부른다. 방법은 간단하다.

폭력을 쓰지 않고, 욕하지 않고, 문제가 된 그 일 하나만 따지되 지난 일을 들먹이지 않는다. 그리고 어떤 경우든 상대에 대한 증오를 그날 밤 안에 풀고 함께 잠든다.

이것이 전부다. 쉽지만 어려운 일이다.

*

남자를 고르는 첫 번째이며 절대적인 기준은 '착한 놈이 좋은 놈'이라는 것이다. 약간 이상한 놈인데 착하다면 그것은 나쁘지 않다. 특별하다는 뜻이니까. 착하다는 것은 일종의 지능이다. 지능은 타고난 것이지. 그러니 그냥 느껴지기도 하지만 검증이 가능한 것이기도 하다.

착한 사람은 가시적으로 자기성찰을 할 능력을 반드시 가지고 있다. 이는 자신을 탐험하는 힘이다. 내면 탐험을 통해 자신의 느낌과 생각을 알아내고, 자신의 심리와 정서를 파악하며, 행동이 적절한지 묻는 능력이다. 공자식으로 말하면 "부끄러움을 아는 사람이 바로 군자"라는 말과 같다. 예수도 십자가 위에서 죽어가면서 비슷한 말을 했다는 것을 알고 있지?

"저들을 용서하소서, 자신들이 하는 짓을 알지 못하나이다."

악은 바로 자기성찰이 부족한 곳에서 생겨난다. 그러니 착한 사람이 손해를 보고, 세상 물정에 어두우며, 바보이고, 세상 살기에 적합하지 않다고 여기는 것은 본말이 전도된 소견일 뿐이다. 착한 사람들이야말로 자기식으로 세상을 살아갈 수 있는 힘을 가진 사람이라고 할 수 있다. 그러니 이것이 가장 중요한 선택 기준이 되어야 한다는 것이 내 생각이다.

*

남자를 고르는 두 번째 기준은 당연히 '가슴이 따뜻한 훈남'이다. 내가 보기에, 종종 멀쩡한 여자들도 어리석은 유혹에 쉽게 빠지는 경향이 있다. 그건 아마 '나쁜 남자 증후군'이라고 불러도 좋을 것이다. 차가운 인간에게서 날카로운 지성의 힘을 느끼기도 하고, 폭력적인 남자를 증오하고 두려워하면서도 빠져들며, 이기적인 사내에게서 강력한 카리스마를 느끼기도 한다.

그것은 악어를 타고 강을 건너는 사람처럼 위태롭고, 전갈을

등에 태운 개구리처럼 불운한 운명으로 끝나고 말 것이다. 이런 부류의 남자들은 '사나이다움'에 대한 강박관념에 억눌려 있다. 이들에게 사랑은 쟁취이고, 여자는 전리품이며, 섹스는 겁탈과 다를 바 없다. 결혼조차 합법적 겁탈이다. 부드러움은 사나이다움의 금물이며, 여자에게 봉사하고 희생한다는 것은 굴욕이다. 사나이다움이라는 유치한 발상은 그들로 하여금 거침과 폭력, 오만과 허풍에 경도되게 한다. 따라서 그들은 오직 힘과 권위에만 굴복한다.

열정은 우리를 예속시킨다. 자발적 족쇄를 우리 마음에 채우는 것이다. 가장 순수하고 강도 높은 열정이 바로 사랑이다. '나쁜 남자'들은 이 자발적 열정에 예속되기를 거부함으로써 다른 사람을 사랑할 능력이 없음을 증명한다. 다른 사람의 감정을 이해하고 배려하며 소중하게 여기는 힘이 결여되어 있는 것이다.

*

남자를 고르는 마지막 기준은 자신의 재능으로 먹고살 수 있는 남자다. 사람이 가장 아름다운 때는 자기다울 때다. 잘 맞는 일에 몰입하고 있을 때 사람은 아름답다. 가수가 노래할 때, 춤꾼이 춤출 때, 화가가 그림을 그리고 작가가 그 글에 빠져 있을 때, 우리는 그 사람이 가장 멋진 최고의 풍광 속에 놓여있다는 것을 알게 된다. 아직 젊기에 충분히 꽃피지는 못했다 하더라도, 자신의 재능이 무엇인지 알고 그 일로 성공하기 위해 잘 준비하는 남자라면, 그 분야가 무엇이든 이미 충분히 매력적이다.

*

가난한 아버지를 이해하라. 그의 가난이 부패한 사회 속에서의 정직 때문이라면 당신은 훌륭한 아버지를 가진 것이다. 또한 그의 가난이 돈을 좇은 것이 아니라 그저 지켜야 할 것을 지킨 것이라면 그를 존경하라. 또는 그의 가난이 당신에 대한 책임 때문에 가장 안전한 길을 택한 희생에 기인한 것이라면 그의 앞에 무릎을 꿇고 울어라. 그저 이유도 없이 가난해서 당신을 고생시킨 사람이라면 이제 당신이 그의 만년에 맛있는 음식을 드시게 하라. 사람과 사람의 만남은 인생과 인생이 만나는 것이다.

*

자식이 소중하면 그 자식을 개똥이라 부르며, 자식에 대한 진짜 사랑은 마음속에 간직해두는 것이 옛사람들의 마음가짐이었다. 배우지는 못했으나 신이 질투하여 귀한 아이의 목숨을 거두어가지 않기를 바라는 낮은 마음이 있었기 때문이다. 워런 버핏이 낡은 자동차를 타고 다니는 것도 부富라는 특권을 감춰두고 돌보는 것이고, 빌 게이츠가 자신이 보물인 돈을 가난한 사람을 위한 기금으로 쓰는 것도 평생 사랑해온 부를 제대로 사랑하는 법을 찾아, 그 부가 자신을 떠나지 않게 하려는 까닭일 것이다. 자기를 잘 경영한다는 것은 진정 사랑하는 것을 가슴의 가장 깊은 곳에 소중히 간직하고 아끼는 것이다. 이 세상에 자신이 보물을 가지고 있다고 떠들어대는 사람처럼 위험한 사람은 없다. 그 사람은 곧 그 보물을 잃고 말 것이다.

*

나누기 위해 꼭 부자가 되어야 할 이유는 없다. 돈이 있으면 돈을 나누고, 재능이 있으면 재능을 나누고, 따뜻한 마음이 있으면 그 마음을 나누면 된다. 절망한 사람에게 희망의 이야기를 들려주고, 아픈 이들에게 관심과 시간을 나누어줄 수 있다면 이미 나눔에 나선 것이다. 아무것도 나누어주지 않는 사람들이 가장 가난한 사람들이다. 줄 수 있는 힘을 가진 사람들, 그들이 바로 리더들이다. 진정한 영향력은 줄 수 있는 힘에서 나오기 때문이다.

자신보다 큰 것에 헌신하지 못한다면 기껏해야 뜻을 이룬 필부에 지나지 않는다. 평생을 자신을 위해 살고, 자신을 위해 벌고, 자신을 위해 쓴다면, 돈을 얻을지 모르나 존경은 얻을 수 없다.

*

올 가을에는 가고 싶은 길을 따라 아내와 함께 갈 곳도 정하지 않고 길이 우리를 이끄는 대로 강 따라 단풍 따라 마음껏 돌아다녔습니다. 그랬더니 이 길 저 길 샛길도 꽤 가보게 되었습니다. 길은 샛길이 정겹습니다. 그 안에 들어서서 봐야 인간이 머물고 살고 있는 모습과 흔적을 찾아낼 수 있습니다. 수없이 지나치던 길 안에 '언제 저기 저런 것이 있었나' 할 때가 많습니다. 우리가 만나온 사람들, 그 사람들의 마음속 길들 깊이 들어가본 적이 얼마나 되는지 생각해보았습니다. 그저 겉돌다 그게 그 사람이려니 짐작하고 넘겨짚는 일이 많았습니다. 사람들 각자는 모두 가보지 못한 길들이고, 인생마다 사연이 있는 것이니, 많은 길들을 가본 후에야 고만고만한 길들이 다 다른 골목임을 알 것 같습니다.

*

나는 세 가지 종류의 시간의 강줄기를 만들어냈다.

하나는 나를 위해 흐르는 시간의 강이다. 이 시간의 강물 위에서 나는 읽고 생각하며 자연과 만나고 쓴다. 이것은 고독한 시간이다. 알지 못하는 것들의 시간이며, 그들의 정체를 눈치채는 시간이다. 이 시간의 강물 위에서는 내가 나를 떠나지 않는다. 이 흐름 속에서 나는 나의 세계를 만들고 부수고 다시 만들며 즐긴다.

또 하나의 시간의 강줄기는 내가 좋아하는 사람들과 함께 보내는 시간이었다. 나는 내 가족을 위해 늘 시간을 남겨놓았다. 친구들을 위해서도 늘 시간을 남겨놓았다. 나는 그들을 위해 언제고 한가하기 짝이 없는 사람이다. 나는 건달이다. 낮에도 술을 마실 수 있도록 그들과 만나는 다음 시간은 비워두었다.

세 번째 시간의 강줄기는 세상과 내가 만나는 시간이다. 이 시간은 대체로 책과 강연과 홈페이지의 만남을 통해 이루어졌다. 나는 사람들을 찾아 나서지 않았다. 그들이 나를 찾아내주기를 바랐다.

사랑하라, 사랑할 수 있을 때까지

인간의 삶은 슬프다네, 그 단명함 때문에. 청춘인가 했더니 벌써 귀밑머리는 속절없이 희어졌네. 하루가 저무는 속도가 화살 같고, 일 년이 촌음 같아, 결국 오늘이 마지막인 듯 살아야만 가장 잘 사는 것이라는 걸 깨닫게 되네.

오늘 죽을 것처럼 살아보자 하니 사람을 사랑하는 것보다 더 좋은 것이 없어 보이네. 사랑하라, 사랑할 수 있을 때까지. 이 말이 얼마나 좋은가! 지는 꽃이 추하다는 것은 그 꽃이 아름다웠기 때문일 것이니, 아름다울 때 마음껏 사랑하는 것이 사는 법인가 하네.

*

함께 있으면 혼자 있고 싶고, 혼자 있으면 함께 있고 싶다. 함께 있다 혼자 있게 되면 그립고, 혼자 있다 함께 있게 되면 작은 일로도 서로 다툰다. 그렇게 얼고 녹고 다시 얼고 녹으면서 마침내 한 사람을 이해하게 된다. 그리고 그 혹은 그녀가 또한 자신의 삶이라는 것을 알게 된다. 사랑한다는 것은 그리움이며 질투이며 욕설이며 상처다. 그리고 그것은 또한 지루함이며 떠남이며 귀환이며 눈물이다. 누구도 사랑이라는 덫에서 빠져나오지 못하는 이유는 이렇게 다이내믹하기 때문이다. 세상을 둘러보라. 사랑만큼 환장하게 못살게 하는 것이 있는지. 그릇된 사랑도 있고 인고의 사랑도 있다. 그것만큼 다양한 이야기가 또 있겠는가. 아름다운 사랑 이야기를 지닌 인생처럼 행복한 것은 없다. 그것은 축복이다.

*

논에 심어둔 벼가 더디 자란다고 그 모가지를 잡아당기면 벼의 뿌리를 뽑거나 상하게 할 수 있다. 오랜 친구는 말 그대로 오래 묵은 친구다. 사귀는 동안 감미로운 맛이 배기도 하고, 부글부글 끓기도 하고, 삭기도 하면서 익는 것이 사람 사이의 관계다. 여기에는 기다림과 그리움이 필요하다.

쓰다고 뱉고 달다고 삼키면 오래갈 수 없다. 이내 실망하고 다른 사람을 찾아가지만 또 똑같은 이유로 헤어지고 관계가 소원해지게 된다.

사람을 바꾸어가며 얕은 관계를 계속해 나가는 것은 패스트푸드로 배를 채우는 것과 같다. 사랑 없는 섹스로는 영혼이 피폐해지듯, 얕은 관계만으로는 사람의 진정한 맛을 알 수 없다. 사귀는 과정에서 발견되는 차이와 변덕과 조급함을 넘어 나를 참아내고 이윽고 다른 사람을 참아낼 수 있어야만 비로소 시간이 그 관계의 맛을 그윽하고 깊게 만들어준다.

*

왜 나는 이곳에서 벗어날 수 없는 것일까? 무엇 때문에 이곳에 머무는 것일까? 이 질문에 대한 답으로 가장 먼저 아내와 아이들이 떠올랐다. 그들이 내 발목을 잡고 있다는 생각은 참기 어려운 것이었다. 다른 대다수의 아버지처럼 나도 그들을 위해서는 기꺼이 죽을 수도 있을 텐데 말이다.

그런데 왜 하필 죽음이 생각날까? 그때 나는 이미 죽어 있었다. 아내와 아이들에게 내주어야 할 생명을 가지고 있지 않았다. 나는 뜨거운 것을 아무것도 가지고 있지 않았다. 아내와 남편, 아버지와 자식의 관계만 존재할 뿐, 그 사이에 활활 타오르는 불길이 없었다. 책임과 의무만이 무성한 잡초처럼 내 마음의 벌판에 자리 잡고 있었다. 살아나기 위해서 나는 무엇이든 하고 싶었다. 그러나 먼저 살지 않고는 사랑할 수 없었다.

삶의 우선순위를 바꾸게 되자 새로운 방식을 발견할 수 있었다. 길이 없는 것이 아니라 수없이 많은 길이 있다. 현실이란 그저 '지금의 상황에 대한 남들의 생각', 즉 다른 사람들의 견해일 뿐이다.

*

참으로 진지한 일이 아닐 수 없다.

당신 옆에 있는 그 사람들, 아내, 딸, 혹은 남편과 아들, 안 아무개, 송 아무개 같은 몇 명에 불과한 친구들, 이미 흘러가 만날 수 없는 사람들…. 바로 이런 사람들이 당신의 인생의 순간순간을 함께한 사람들이다. 당신의 인생은 그들과 함께한 시간과 사건들로 이루어져 있으며, 그것이 바로 당신 인생의 정체다.

*

변화는 마음의 움직임을 따라갈 때 성공한다. 그것은 마음이 움직여가는 대로 생을 이끌어가는 것이다. 그것은 변덕을 말하는 것이 아니다. 마음이 이끄는 대로 인생의 한 길을 따라 걷는 것을 말한다. 우리가 걷는 길 속에서 누구보다도 많이 그 길 섶에 숨어있는 것들을 보고 느끼고 숨 쉬는 것이다. 그 길이 자신이 가는 길임을 믿어가는 것이다. 그리고 사랑해가는 것이다. 점점 더 마음을 여는 것이다. 점점 더 스스로에게 편안한 사람이 되어가는 것이다. 점점 더 자신에게 다가가는 것이다.

자기혁명을 위해 익숙한 과거와의 생존 전쟁은 에너지를 필요로 한다. 이 싸움에서 이겨내려면 엄청난 에너지를 요구한다. 에너지는 사랑함으로써 배가 된다. 사랑할수록 우리는 위대해진다. 변화는 자신을 사랑함으로써 시작하며, 에너지가 생겨날수록 자신의 마음에 따라 인생을 살아갈 수 있다. 마음을 열지 않고는 자신을 위해 춤출 수 없다.

*

오늘은 하루 종일 집에서 책을 보았습니다. 봄날의 잠기운에 몽롱해져 하루 종일 쉬듯이 책을 보며 시간을 흘려보냈습니다. 산다는 것은 이렇게 마음이 흔들리는 것인가 봅니다. 죽은 다음에나 이 흔들림이 그치는 것인가 봅니다. 소리처럼 그 떨림이 곧 살아있음을 의미합니다. 그래서 마음을 흔드는 사랑에 빠지고, 감동하고 전율하면서 사는 것이 가장 잘 사는 것일 것입니다. 소리가 되어 공간과 더불어 울리다 이내 사라져 없어지면 음이 끝나는 것이고 생명도 다하는 것인가 봅니다. 소리의 색깔은 그 재료의 색깔이고 그래서 ·사람의 삶도 그 사람의 색깔에 따라 달라집니다. 그래서 사람마다 인생의 음 빛깔과 깊이와 맑기가 다른 것입니다.

*

우연, 그것은 오늘이라는 특별한 하루를 즐기는 아주 많은 소도구 중의 하나이기도 하다. 우연한 만남, 이것이 바로 모든 아름다운 사랑에 운명적 필연성을 부여하는 절묘한 신의 안배가 아닐까? 신으로부터 오는 통제할 수 없는 우연을 운명처럼 즐기고, 사람으로부터 오는 행운을 관리하고 경영하는 것은 운 좋은 사람들이 운 좋은 하루를 맞이하는 일상적 방식이다.

*

어둠이 깔리고 바다가 거의 보이지 않게 되었을 때 혼자 있다는 사실이 싫어졌다. 혼자 아무도 모르는 곳으로 떠나와, 되는대로 수염을 기르고 배낭 하나로 떠돌기를 바랐는데, 지금 이 방 안으로 찾아드는 외로움은 무엇인가? 내일 짐을 싸가지고 서울로 다시 올라갈까 하다가 어린아이 같다는 생각에 웃고 말았다. 아이들도 보고 싶고 처도 보고 싶다. 만일 참으로 다시 돌아갈 곳이 없이 떠도는 나그네라면 그처럼 외롭고 지친 인생은 없을 것이다.

*

인생이란, 무엇을 이루기 위해 사는 것은 아니다. 그것은 그저 사는 것이다. 하나의 길을 선택하면, 다른 길은 가보지 못하는 여정으로 남는다. 한 길을 가며, 다른 길의 모습을 그리워하지 않길 바란다. 그래서 선택은 다른 것을 버리는 것이다. 여행은 어디에 도착하는 것이 아니다. 그것은 기차 안이고, 거리며, 만난 사람들이며, 골목 안의 주점이며, 산이며 바다. 선택한 여정을 따라 보고 느끼며 그때 그 장소의 숨결이 되어 가는 것이다. 모든 사람을 다 사랑할 수는 없지만 몇 사람이라도 사랑하며 사는 것이다.

*

우리는 마음속에서 만난다.

오직 그곳에서 만날 수 있을 뿐이다.

같은 곳에서 서로 뒹굴지만 마음으로 만나지 못하는 사람들이 얼마나 많으며 이승과 저승이 갈렸건만 헤어지지 못하는 사람들이 또 얼마나 많은가!

다만 마음의 조화일 뿐이다.

마음을 잃으면 모든 것을 잃는다.

우리 시대의 새로운 영성가,
구본형 다시 읽기

많은 사람들이 자기 자신과 원수가 되어 살아갑니다. 자기 자신과 싸우고 미워하고, 스스로에게 경찰이 되고 간수가 되어 자신을 가두고 박해합니다. 그런 사람들에게 구본형 선생은 가르침이 아닌 삶으로, 자기 자신을 어떻게 사랑하고 받아들여야 하는지 보여주었습니다. 우리가 우리 안에 있는 것들을 좋아하고, 우리 본래의 모습을 찾아나가며, 선생처럼 자기경영을 할 수 있도록 이끌었습니다.

나 혼자만 하면 개인의 계획이 되고 한 사람의 삶에 머물지만, 자신이 원하는 계획을 많은 이들과 나누면 그것은 위대한 꿈이 됩니다. 구본형 선생은 혼자 계획하지 않고, 큰 꿈으로 승화시켜 우리 모두의 계획이 되도록 보여주며 살았습니다. 많은 사람들이 구본형 선생을 변화경영 사상가, 작가, 자기계발 전문가 등 여러 이름으로 부르지만, 저는 그를 '우리 시대의 새로운 영성가'라고 이름 붙이고 싶습니다.

영성은 종교의 울타리 안에 있는 것이 아닙니다. 영성은 바람과 같고 물과 같고 공기와 같아서 어디에서나 속하고 통합니다. 깊은 산속 옹달샘의 깨끗한 물은 누구에게나 맛있는 것입니다. 누구에게나 좋은 물이지요. 백두산에서 나오든지, 한라산, 킬리만자로 등 어디서 나오든지, 맛있는 것은 어느 시대나 누구에게나 좋은 것입니다. 그것이 바로 영성입니다. 구본형 선생은 누구에게나 양식이 되고 빛이 되는 말씀을 주었습니다.

구본형 선생이 했던 말 중에 신부인 제게 번개와 같이 남은 말이 있습니다. 돌아가시기 전 그는 제게 "저는 생명을 구걸하지 않습니다"라고 말했습니다. 그건 아무나 할 수 있는 얘기가 아닙니다. 죽음을 목전에 둔 사람이 할 수 있는 이야기가 아닙니다. 완전한 생명을 가진 사람만이 할 수 있는 이야기입니다. 구본형 선생은 생명을 구걸하지 않고, 더 높은 차원의 생명으로 넘어가는 삶, 그 길을 사셨습니다. 그냥 산 것이 아니라 사랑으로 삶을 끝까지 이루셨습니다. 그 삶 안에 많은 사람이 있고, 비바람 치는 벌판에 혼자 서있기도 했을 테지만, 그 모든 것이 선생의 영혼에 아무런 상처도, 아픔도, 주름도 남기지 않았습니다. 모두에게 죽음은 낯선 것인데 익숙한 삶을 가볍게 날듯이 결별하고, 삶과 죽음이 하나임을 스스로의 삶으로 증거해 보였습니다.

구본형 선생이 남긴 소중한 가르침과 그의 삶이 우리 모두에게 계속해서 양식이 되었으면 좋겠습니다. 우리가 먹고 함께 나눌 수 있는 그런 음식이 되어서 모두를 풍요롭게 하고, 또 우리 안에 있는 새로운 영적인 생명을 위한 양식이 되었으면 좋겠습니다. 그러기 위해 구본형을 다시 읽어야 합니다. 그가 남긴 책을 읽는 것뿐만 아니라 그의 삶을 읽고, 그의 생각을 읽어내고, 생각 속에 들어있는 그 본질을 읽어내야 합니다.

구본형 다시 읽기를 통해 그를 다시 추억하며, 그와 함께 사랑의 열매가 이루어지는 삶으로 나아가기를 소망합니다.

강순건 신부
성 베네딕도회 왜관 수도원

참고문헌

구본형, 《공익을 경영하라》, 을유문화사, 2006년 2월

구본형, 《구본형의 THE BOSS》, 살림Biz, 2009년 1월

구본형, 《구본형의 그리스인 이야기》, 생각정원, 2013년 1월

구본형·박미옥·정재엽, 《구본형의 마지막 수업》, 생각정원, 2014년 2월

구본형, 《구본형의 마지막 편지》, 휴머니스트, 2013년 7월

구본형, 《구본형의 신화 읽는 시간》, 와이즈베리, 2012년 8월

구본형, 《구본형의 필살기》, 다산라이프, 2010년 3월

구본형, 《그대, 스스로를 고용하라》, 김영사, 2001년 2월

구본형, 《깊은 인생》, 휴머니스트, 2011년 4월

구본형, 《나는 이렇게 될 것이다》, 김영사, 2013년 9월

구본형, 《낯선 곳에서의 아침》(개정판), 을유문화사, 2007년 12월

구본형, 《내가 직업이다》, 북스넛, 2003년 3월

구본형, 《떠남과 만남》(개정판), 을유문화사, 2008년 4월

구본형, 《마흔세 살에 다시 시작하다》(개정판), 휴머니스트, 2007년 2월

구본형, 《미치지 못해 미칠 것 같은 젊음》(개정판), 뮤진트리, 2011년 12월

구본형, 《사람에게서 구하라》, 을유문화사, 2007년 2월

구본형, 《세월이 젊음에게》, 청림출판, 2008년 4월

구본형, 《오늘 눈부신 하루를 위하여》(개정판), 휴머니스트, 2007년 2월

구본형, 《월드 클래스를 향하여》, 생각의 나무, 2000년 3월

구본형, 《익숙한 것과의 결별》(개정판), 을유문화사, 2007년 12월

구본형, 《일상의 황홀》, 을유문화사, 2004년 10월

나는 이렇게 될 것이다

사자같이 젊은놈들

세월이 젊음에게

The Young Lion Devils   Goo Bon-Hyung

공인을 경영하라

THE BOSS   쿨한 동행

M

낯선 나라에서의 아침